마음의
꽃을
활짝 피우고

원성취
관음기도

중생들이 살아가는 모습이 팔만 사천이요
고뇌 또한 팔만 사천이라
자비로운 관음보살 방편 따라 나투시니
중생들의 번뇌 망상 눈이 녹듯 사라지네
미묘관세음 전에 원을 세워
정성으로 기도하니 그분의 가피력이
나를 행복한 미소 짓게 하시네.

- 법우림 합장

※ 법우림 스님과 함께 하는

원성취 관음기도는 불자들이 집이나 사찰에서 대원·소원·발원을 세워 3일 7일 21일 백일 등 날짜를 정하여 기도할 수 있도록 편집되어 있습니다.

원은 마음에 있고 마음은 얼굴로 나타나며, 나타난 그 얼굴 그대로 부처님께서는 드리우십니다.

원찰의 스님과 함께 기도집 순서대로 기도하시면 반드시 관세음 보살님의 가피가 함께 합니다.

기도하시다 궁금하신 내용은 언제든 문의하시면 상세히 알려 드립니다.

원찰에 계신 스님이나 법우림 스님께 기도는 어떻게 하는지 교육을 받으시고 기도하시면 기도의 성취가 더 빠릅니다.

문의 / 삼약사·자성사 : 1566-1316 서울 : 1566-8426 울산 : 1566-8416

법우림 스님과 함께 하는 원성취 (   ) 기도
나 (   ) 의 기도는 반드시 성취 됩니다.

※ 나의 수행은 기도입니다.
※ 기도에는 불교 수행의 모든 방법이 다 들어 있습니다.

※ 원성취 기도는 확고한 믿음과 지극한 마음으로 해야 합니다.
※ 원성취 기도 중 어떠한 어려움(마장)이 오더라도 중단하지 말고 해야 합니다.
※ 원성취 기도 중에는 여러 사람의 말을 듣지 않고 오로지 지도 법사 스님만 따릅니다.
※ 원성취 기도 중에는 진정한 보시행을 많이 하십시오.
  (복전이 됩니다.)
※ 원성취 기도는 1시간 30분 이상 해야 하며, 기도 방법은 스님과 상의합니다.

※ 원성취 기도는 내일 행복의 문이 되어 열린답니다.
※ 원성취 기도는 청정한 마음으로부터 시작합니다.
※ 원성취 기도는 헌신적인 참회와 감사의 생활입니다.
※ 원성취 기도는 언제나 미소의 생활입니다.
※ 원성취 기도는 법력과 근기를 자라게 하고 가지력을 받게 합니다.
※ 원성취 기도는 부처님을 닮아 하나 되는 모습입니다.

나의 수행기도 일과

나는 일어나면서 부처님을 생각하며 미소 짓고 웃습니다.   (귀의인연)
나는 오늘도 기도(수행)를 하고 경전이나 법문을 들었습니다. (지혜)
나는 오늘 인연 있는 모든 이에게 보시공덕을 수행합니다.   (복덕)
나는 오늘 모든 일을 화합과 긍정으로 실천합니다.   (자비)
나는 오늘 부처님의 말씀을 내 이웃에게 설하였습니다.   (전법)
나는 오늘 부처님의 생각으로 미소 지으며 잠듭니다.   (귀의회향)

"행복한 불교
 신나는 기도
 소중한 경전
 즐거운 교리강의
 우리 함께 합니다."

관세음보살께
일념으로 기도를 해보세요.
법우림스님과 함께 하시면,
소원은 반드시 성취됩니다.
"당신이 행복합니다."

차례

예불문 ··· 8
천수경 ··· 12
법화경 약찬게 ······································· 26
관음경 ··· 32
천수천안 관세음보살 광대원만 무애대비심 다라니경 ······ 46
관세음보살42수주 ································· 79
관음참회 예문 ······································· 98
고왕경 ··· 140
고왕경찬어 ··· 141
몽수경 ··· 142
관자재보살 여의륜주 ······························ 142
총귀진언 ·· 143
광명진언 ·· 144
기도발원문 ··· 154
이산혜연선사 발원문 ······························ 158
화엄경 약찬게 ······································· 160
반야심경 ·· 164
항마진언 ·· 166
법성게 ··· 167

원 성취 예불문

(차를 올리오며)

제가이제 **청정수**를

감로다의 **정성**으로

삼보님께 올리오니

원하오니 어여삐 받아 주옵소서

원하오니 어여삐 받아 주옵소서

원하옵건대 자비로써

어여삐 받아 주옵소서

① (다게 茶偈)

아금청정수
我今淸淨水

변위감로다
變爲甘露茶

봉헌삼보전
奉獻三寶前

원수애납수
願垂哀納受

원수애납수
願垂哀納受

원수자비애납수
願垂慈悲哀納受

(향을 올리오며)

계율선정 지혜향과 해탈향과

해탈지견향의

광명구름 온법계에 두루두루 가득하니

시방삼세 한량없는 불·법·승

삼보님전 **공양**하옵니다

② (오분향례 五分香禮)

계향 정향 혜향 해탈향
戒香 定香 慧香 解脫香

해탈지견향
解脫知見香

광명운대 주변법계
光明雲臺 周遍法界

공양시방 무량불법승
供養十方 無量佛法僧

향사루며 올리옵는 진언　　　　헌향진언 獻香眞言

옴 바아라 도비야 훔 ⑶

지극한 마음으로

욕계색계 무색계의 자상하신 길잡이며

태란습화 모든생명 자애로운 어버이고

사바세계 교주시며 저희들의 스승이신

석가모니 부처님께 이한생명 다바쳐서

귀의합니다

③ **지심귀명례**
　　至心歸命禮

삼계도사 사생자부
三界導師　四生慈父

시아본사 석가모니불
是我本師　釋迦牟尼佛

지극한 마음으로

시방삼세 어디에나 항상계신 한량없는

부처님께 이한생명 다바쳐서

귀의합니다

④ **지심귀명례**
　　至心歸命禮

시방삼세 제망찰해
十方三世　帝網刹海

상주일체 불타야중
常住一切　佛陀耶衆

지극한 마음으로

시방삼세 어디에나 항상계신 한량없는

⑤ **지심귀명례**
　　至心歸命禮

시방삼세 제망찰해
十方三世　帝網刹海

가르침에 이한생명 다바쳐서
귀의합니다

상주일체 달마야중
常住一切 達磨耶衆

지극한 마음으로
크신지혜 문수보살 크신행원 보현보살
크신자비 관음보살 크신원력 지장보살
모든보살 마하살께 이한생명 다바쳐서
귀의합니다

⑥ 지심귀명례
　　至心歸命禮
대지문수사리보살
大智文殊舍利菩薩
대행보현보살
大行普賢菩薩
대비관세음보살
大悲觀世音菩薩
대원본존지장보살
大願本尊地藏菩薩
마하살
摩訶薩

지극한 마음으로
부처님법 부촉받은 십대제자 십육성자
오백성자 독수성자 일천이백 아라한등
한량없는 자비성중 이한생명 다바쳐서
귀의합니다

⑦ 지심귀명례
　　至心歸命禮
영산당시 수불부촉
靈山當時 受佛咐囑
십대제자 십육성
十大弟子 十六聖
오백성 독수성 내지
五百聖 獨修聖 乃至
천이백 제대아라한
千二百 諸大阿羅漢
무량자비성중
無量慈悲聖衆

지극한 마음으로

인도에서 중국으로 우리나라 이르도록

거룩하신 역대전등 제대조사 천하종사

한량없는 선지식께 이한생명 다바쳐서

귀의합니다

⑧ **지심귀명례**
至心歸命禮

서건동진 급아해동
西乾東震 及我海東

역대전등 제대조사
歷代傳燈 諸大祖師

천하종사 일체미진수
天下宗師 一切微塵數

제대선지식
諸大善知識

지극한 마음으로

시방삼세 어디에나 항상계신 한량없는

스님들께 이한생명 다바쳐서

귀의합니다

⑨ **지심귀명례**
至心歸命禮

시방삼세 제망찰해
十方三世 帝網刹海

상주일체 승가야중
常住一切 僧伽耶衆

다만오직 원하오니 한량없는 삼보시여

크나크신 자비로써 지극정성 저희들의

귀의예배 받으시고 **명훈가피** 내리소서

원하오니 법계모든 중생들이 너나우리

할것없이 한꺼번에 **함께성불** 이루도록

원하옵고 원하옵니다

⑩ **유원**
唯願

무진삼보 대자대비
無盡三寶 大慈大悲

수아정례 명훈가피력
受我頂禮 冥熏加被力

원공법계제중생
願共法界諸衆生

자타일시성불도
自他一時成佛道

원 성취 천수경

제가지금 몸과마음 정성다해 삼보님전 나아가서 두루예배 하올적에
보배로운 **천수경**을 견고하온 신심으로 두손모아 송경하니

입으로써 지은업을 깨끗하게 하는진언　　정구업진언 淨口業眞言
수리수리 마하수리 수수리 사바하 (3)

온도량의 모든신중 편안하게 하는진언　　오방내외안위제신진언
　　　　　　　　　　　　　　　　　　　五方內外安慰諸神眞言
나무 사만다 못다남 옴 도로도로 지미 사바하 (3)

경전말씀 여는게송　　　　　　　　　　개경게 開經偈
가장높고 미묘하여 깊고깊은 부처님법　　무상심심미묘법
　　　　　　　　　　　　　　　　　　　無上甚深微妙法
백천만겁 지나도록 만나보기 어려운데　　백천만겁난조우
　　　　　　　　　　　　　　　　　　　百千萬劫難遭遇
제가지금 다행히도 보고듣고 지니오니　　아금문견득수지
　　　　　　　　　　　　　　　　　　　我今聞見得受持
부처님의 진실한뜻 깨닫기를 원합니다　　원해여래진실의
　　　　　　　　　　　　　　　　　　　願解如來眞實意

법의창고 여는 진언　　　　　개법장진언 開法藏眞言

옴 아라남 아라다 (3)

자비로써 어루시는 일천손을 지니시고　　**천수천안 관자재보살**
　　　　　　　　　　　　　　　　　　　千手千眼 觀自在菩薩
지혜로써 살피시는 일천눈을 지니시어　　**광대원만 무애대비심**
　　　　　　　　　　　　　　　　　　　廣大圓滿 無碍大悲心
중생들을 구제하는 관-자재　보살님의　　**대다라니 계청**
　　　　　　　　　　　　　　　　　　　大陀羅尼 啓請
광대하고 원만하여 걸림없는 대비심의
큰다라니 청합니다

관음보살 대비주에 머리숙여 절하오니　　**계수관음대비주**
　　　　　　　　　　　　　　　　　　　稽首觀音大悲呪
그원력이 위대하사 상호또한 거룩하고　　**원력홍심상호신**
　　　　　　　　　　　　　　　　　　　願力弘深相好身
일천팔로 장엄하여 온갖중생 거두시며　　**천비장엄보호지**
　　　　　　　　　　　　　　　　　　　千臂莊嚴普護持
일천눈의 광명으로 온세상을 살피시네　　**천안광명변관조**
　　　　　　　　　　　　　　　　　　　千眼光明遍觀照
진실하온 말씀속에 비밀한듯 보이시고　　**진실어중선밀어**
　　　　　　　　　　　　　　　　　　　眞實語中宣密語
하염없는 그맘속에 자비심을 일으키사　　**무위심내기비심**
　　　　　　　　　　　　　　　　　　　無爲心內起悲心
저희들의 모든소원 하루속히 이루옵고　　**속령만족제희구**
　　　　　　　　　　　　　　　　　　　速令滿足諸希求
모든죄업 남김없이 깨끗하게 하옵소서　　**영사멸제제죄업**
　　　　　　　　　　　　　　　　　　　永使滅除諸罪業

천룡팔부 모든성중 자비롭게 보살피사　천룡중성동자호
　　　　　　　　　　　　　　　　　　天龍衆聖同慈護
백천가지 온갖삼매 한순간에 닦게하니　백천삼매돈훈수
　　　　　　　　　　　　　　　　　　百千三昧頓熏修
받아지닌 저희몸은 큰광명의 깃발이며　수지신시광명당
　　　　　　　　　　　　　　　　　　受持身是光明幢
받아지닌 저희마음 신비로운 곳집되어　수지심시신통장
　　　　　　　　　　　　　　　　　　受持心是神通藏
번뇌망상 모두씻고 고통바다 어서건너　세척진로원제해
　　　　　　　　　　　　　　　　　　洗滌塵勞願濟海
깨달음의 방편문을 속히얻게 하옵시며　초증보리방편문
　　　　　　　　　　　　　　　　　　超證菩提方便門
제가지금 칭송하고 서원하며 귀의하니　아금칭송서귀의
　　　　　　　　　　　　　　　　　　我今稱誦誓歸依
뜻하는일 마음대로 원만하게 하옵소서　소원종심실원만
　　　　　　　　　　　　　　　　　　所願從心悉圓滿

자비하신 관세음께 지심귀의 하옵나니　나무대비관세음
　　　　　　　　　　　　　　　　　　南無大悲觀世音
이세상의 온갖진리 속히알기 원하옵고　원아속지일체법
　　　　　　　　　　　　　　　　　　願我速知一切法
자비하신 관세음께 지심귀의 하옵나니　나무대비관세음
　　　　　　　　　　　　　　　　　　南無大悲觀世音
부처님의 지혜눈을 속히얻기 원하오며　원아조득지혜안
　　　　　　　　　　　　　　　　　　願我早得智慧眼
자비하신 관세음께 지심귀의 하옵나니　나무대비관세음
　　　　　　　　　　　　　　　　　　南無大悲觀世音
한량없는 모든중생 제도하기 원하옵고　원아속도일체중
　　　　　　　　　　　　　　　　　　願我速度一切衆
자비하신 관세음께 지심귀의 하옵나니　나무대비관세음
　　　　　　　　　　　　　　　　　　南無大悲觀世音
팔만사천 좋은방편 속히얻기 원하오며　원아조득선방편
　　　　　　　　　　　　　　　　　　願我早得善方便

자비하신 관세음께 지심귀의 하옵나니   **나무대비관세음**
　　　　　　　　　　　　　　　　　　　　南 無 大 悲 觀 世 音
도피안의 반야선에 속히타기 원하옵고   **원아속승반야선**
　　　　　　　　　　　　　　　　　　　　願 我 速 乘 般 若 船
자비하신 관세음께 지심귀의 하옵나니   **나무대비관세음**
　　　　　　　　　　　　　　　　　　　　南 無 大 悲 觀 世 音
생로병사 고해바다 건너가기 원하오며   **원아조득월고해**
　　　　　　　　　　　　　　　　　　　　願 我 早 得 越 苦 海
자비하신 관세음께 지심귀의 하옵나니   **나무대비관세음**
　　　　　　　　　　　　　　　　　　　　南 無 大 悲 觀 世 音
무명벗는 계정혜를 속히닦기 원하옵고   **원아속득계정도**
　　　　　　　　　　　　　　　　　　　　願 我 速 得 戒 定 道
자비하신 관세음께 지심귀의 하옵나니   **나무대비관세음**
　　　　　　　　　　　　　　　　　　　　南 無 大 悲 觀 世 音
고뇌없는 열반산에 속히가기 원하오며   **원아조등원적산**
　　　　　　　　　　　　　　　　　　　　願 我 早 登 圓 寂 山
자비하신 관세음께 지심귀의 하옵나니   **나무대비관세음**
　　　　　　　　　　　　　　　　　　　　南 無 大 悲 觀 世 音
하염없는 진리의집 속히가기 원하옵고   **원아속회무위사**
　　　　　　　　　　　　　　　　　　　　願 我 速 會 無 爲 舍
자비하신 관세음께 지심귀의 하옵나니   **나무대비관세음**
　　　　　　　　　　　　　　　　　　　　南 無 大 悲 觀 世 音
절대진리 법성신과 속히같기 원합니다   **원아조동법성신**
　　　　　　　　　　　　　　　　　　　　願 我 早 同 法 性 身

칼산지옥 제가가면 칼산절로 무너지고   **아약향도산 도산자최절**
　　　　　　　　　　　　　　　　　　　　我 若 向 刀 山　刀 山 自 摧 折
끓는지옥 제가가면 끓는지옥 말라지고   **아약향화탕 화탕자고갈**
　　　　　　　　　　　　　　　　　　　　我 若 向 火 湯　火 湯 自 枯 渴
모든지옥 제가가면 지옥절로 없어지고   **아약향지옥 지옥자소멸**
　　　　　　　　　　　　　　　　　　　　我 若 向 地 獄　地 獄 自 消 滅
아귀세계 제가가면 아귀절로 배부르고   **아약향아귀 아귀자포만**
　　　　　　　　　　　　　　　　　　　　我 若 向 餓 鬼　餓 鬼 自 飽 滿

수라세계 제가가면 악한마음 사라지고　　**아약향수라 악심자조복**
　　　　　　　　　　　　　　　　　　　　我若向修羅　惡心自調伏
축생세계 제가가면 지혜절로 생겨지다　　**아약향축생 자득대지혜**
　　　　　　　　　　　　　　　　　　　　我若向畜生　自得大智慧

관세음 큰 보살님께 귀의합니다　　**나무관세음보살마하살**
　　　　　　　　　　　　　　　　南無觀世音菩薩摩訶薩
대세지 큰 보살님께 귀의합니다　　**나무대세지보살마하살**
　　　　　　　　　　　　　　　　南無大勢至菩薩摩訶薩
천수 큰 보살님께 귀의합니다　　**나무천수보살마하살**
　　　　　　　　　　　　　　　南無千手菩薩摩訶薩
여의륜 큰 보살님께 귀의합니다　　**나무여의륜보살마하살**
　　　　　　　　　　　　　　　　南無如意輪菩薩摩訶薩
대륜 큰 보살님께 귀의합니다　　**나무대륜보살마하살**
　　　　　　　　　　　　　　　南無大輪菩薩摩訶薩
관자재 큰 보살님께 귀의합니다　　**나무관자재보살마하살**
　　　　　　　　　　　　　　　　南無觀自在菩薩摩訶薩
정취 큰 보살님께 귀의합니다　　**나무정취보살마하살**
　　　　　　　　　　　　　　　南無正趣菩薩摩訶薩
만월 큰 보살님께 귀의합니다　　**나무만월보살마하살**
　　　　　　　　　　　　　　　南無滿月菩薩摩訶薩
수월 큰 보살님께 귀의합니다　　**나무수월보살마하살**
　　　　　　　　　　　　　　　南無水月菩薩摩訶薩
군다리 큰 보살님께 귀의합니다　　**나무군다리보살마하살**
　　　　　　　　　　　　　　　　南無軍茶利菩薩摩訶薩
십일면 큰 보살님께 귀의합니다　　**나무십일면보살마하살**
　　　　　　　　　　　　　　　　南無十一面菩薩摩訶薩
모든 큰 보살님께 귀의합니다　　**나무제대보살마하살**
　　　　　　　　　　　　　　　南無諸大菩薩摩訶薩
본사 아미타부처님께 귀의합니다　　**나무본사아미타불** (3)
　　　　　　　　　　　　　　　　　南無本師阿彌陀佛

신통하고 묘한 말씀 깊은 진리 대다라니　　신묘장구대다라니
　　　　　　　　　　　　　　　　　　　　　神 妙 章 句 大 陀 羅 尼

나모라 다나다라 야야 나막알약 바로기제 새바라야 모지 사다바야
마하 사다바야 마하가로 니가야 옴 살바 바예수 다라나 가라야
다사명 나막 가리다바 이맘알야 바로기제 새바라 다바 니라간타
나막 하리나야 마발다 이사미 살발타 사다남 수반아예염 살바
보다남 바바마라 미수다감 다냐타 옴 아로계 아로가 마지로가
지가란제 혜혜하례 마하모지 사다바 사마라 사마라 하리나야
구로구로 갈마 사다야 사다야 도로도로 미연제 마하미연제
다라다라 다린나례 새바라 자라자라 마라 미마라 아마라 몰제
예혜혜 로계 새바라 라아 미사미 나사야 나베 사미사미 나사야
모하자라 미사미 나사야 호로호로 마라호로 하례 바나마 나바
사라사라 시리시리 소로소로 못쟈못쟈 모다야 모다야 매다리야
니라간타 가마사 날사남 바라 하리나야 마낙 사바하 싣다야 사바하
마하싣다야 사바하 싣다유예 새바라야 사바하 니라간타야 사바하
바라하 목카싱하 목카야 사바하 바나마 하따야 사바하 자가라
욕다야 사바하 상카 섭나녜 모다나야 사바하 마하라 구타다라야
사바하 바마사간타 이사시체다 가릿나 이나야 사바하 먀가라
잘마이바 사나야 사바하

나모라 다나다라 야야 나막알약 바로기제 새바라야 사바하 ⑶

(동서사방 찬탄노래)

첫째동방 물뿌리니 온도량이 청정하고
둘째남방 물뿌리니 마음밭이 청량하고
셋째서방 물뿌리니 불국정토 이루옵고
넷째북방 물뿌리니 영원토록 편안토다

(사방찬 四方讚)

일쇄동방결도량
一灑東方潔道場
이쇄남방득청량
二灑南方得淸凉
삼쇄서방구정토
三灑西方俱淨土
사쇄북방영안강
四灑北方永安康

(진리도량 장엄노래)

온도량이 청정하여 더러운것 없사오니
삼보님과 천룡님네 이도량에 내리소서
제가이제 묘한진언 받아지녀 외우오니
대자비를 베푸시어 굽어살펴 주옵소서

(도량찬 道場讚)

도량청정무하예
道場淸淨無瑕穢
삼보천룡강차지
三寶天龍降此地
아금지송묘진언
我今持誦妙眞言
원사자비밀가호
願賜慈悲密加護

(참회하는 게송)

아득히먼 옛적부터 제가지은 모든악업
욕심내며 화를내고 어리석음 때문이며
몸과입과 마음따라 무명으로 지었기에
제가지금 진심으로 모두참회 하옵니다

(참회게 懺悔偈)

아석소조제악업
我昔所造諸惡業
개유무시탐진치
皆由無始貪嗔痴
종신구의지소생
從身口意之所生
일체아금개참회
一切我今皆懺悔

십이불께 참회하니 증명하여 주옵소서　　(참제업장십이존불)
　　　　　　　　　　　　　　　　　　　　懺除業障十二尊佛

나무참제업장보승장불　　　　　　　　　　나무참제업장보승장불
　　　　　　　　　　　　　　　　　　　　南無懺除業障寶勝藏佛

보광왕화렴조불　　　　　　　　　　　　　보광왕화렴조불
　　　　　　　　　　　　　　　　　　　　寶光王火炎照佛

일체향화자재력왕불　　　　　　　　　　　일체향화자재력왕불
　　　　　　　　　　　　　　　　　　　　一切香火自在力王佛

백억항하사결정불　　　　　　　　　　　　백억항하사결정불
　　　　　　　　　　　　　　　　　　　　百億恒河沙決定佛

진위덕불　　　　　　　　　　　　　　　　진위덕불
　　　　　　　　　　　　　　　　　　　　振威德佛

금강견강소복괴산불　　　　　　　　　　　금강견강소복괴산불
　　　　　　　　　　　　　　　　　　　　金剛堅强消伏壞散佛

보광월전묘음존왕불　　　　　　　　　　　보광월전묘음존왕불
　　　　　　　　　　　　　　　　　　　　普光月殿妙音尊王佛

환희장마니보적불　　　　　　　　　　　　환희장마니보적불
　　　　　　　　　　　　　　　　　　　　歡喜藏摩尼寶積佛

무진향승왕불　　　　　　　　　　　　　　무진향승왕불
　　　　　　　　　　　　　　　　　　　　無盡香勝王佛

사자월불　　　　　　　　　　　　　　　　사자월불
　　　　　　　　　　　　　　　　　　　　獅子月佛

환희장엄주왕불　　　　　　　　　　　　　환희장엄주왕불
　　　　　　　　　　　　　　　　　　　　歡喜莊嚴珠王佛

제보당마니승광불　　　　　　　　　　　　제보당마니승광불
　　　　　　　　　　　　　　　　　　　　帝寶幢摩尼勝光佛

열가지의 무거운죄 모두참회 하옵나니　　(십악참회 十惡懺悔)

살생하여 지은죄업 지금참회 하옵니다　　살생중죄금일참회
　　　　　　　　　　　　　　　　　　　　殺生重罪今日懺悔

도둑질로 지은죄업 지금참회 하옵니다　　투도중죄금일참회
　　　　　　　　　　　　　　　　　　　　偸盜重罪今日懺悔

사음하여 지은죄업 지금참회 하옵니다　**사음중죄금일참회**
　　　　　　　　　　　　　　　　　邪淫重罪今日懺悔
거짓말로 지은죄업 지금참회 하옵니다　**망어중죄금일참회**
　　　　　　　　　　　　　　　　　妄語重罪今日懺悔
꾸밈말로 지은죄업 지금참회 하옵니다　**기어중죄금일참회**
　　　　　　　　　　　　　　　　　綺語重罪今日懺悔
이간질로 지은죄업 지금참회 하옵니다　**양설중죄금일참회**
　　　　　　　　　　　　　　　　　兩舌重罪今日懺悔
나쁜말로 지은죄업 지금참회 하옵니다　**악구중죄금일참회**
　　　　　　　　　　　　　　　　　惡口重罪今日懺悔
욕심내어 지은죄업 지금참회 하옵니다　**탐애중죄금일참회**
　　　　　　　　　　　　　　　　　貪愛重罪今日懺悔
성을내어 지은죄업 지금참회 하옵니다　**진에중죄금일참회**
　　　　　　　　　　　　　　　　　瞋恚重罪今日懺悔
어리석어 지은죄업 지금참회 하옵니다　**치암중죄금일참회**
　　　　　　　　　　　　　　　　　痴暗重罪今日懺悔
(참회게)

오랜기간 쌓인죄업 한생각에 모두끊어　**백겁적집죄 일념돈탕진**
　　　　　　　　　　　　　　　　　百劫積集罪　一念頓蕩盡
마른풀을 태우듯이 남김없이 사라지네　**여화분고초 멸진무유여**
　　　　　　　　　　　　　　　　　如火焚枯草　滅盡無有餘
(이참게)

죄의자성 본래없어 마음따라 일어난것　**죄무자성종심기**
　　　　　　　　　　　　　　　　　罪無自性從心起
마음만약 없어지면 죄업또한 사라지네　**심약멸시죄역망**
　　　　　　　　　　　　　　　　　心若滅時罪亦亡
죄와마음 모두없애 두가지다 공해지면　**죄망심멸양구공**
　　　　　　　　　　　　　　　　　罪亡心滅兩俱空
이경계를 이름하여 진참회라 하나이다　**시즉명위진참회**
　　　　　　　　　　　　　　　　　是則名爲眞懺悔

죄를 참회하는 진언　　　　　　　　　참회진언 懺悔眞言

옴 살바못자 모지 사다야 사바하 ⑶

준제보살 크신공덕 일념으로 늘외우면　　준제공덕취 적정심상송
　　　　　　　　　　　　　　　　　　　准提功德聚 寂靜心常誦
그어떠한 어려움도 침범하지 못하나니　　일체제대난 무능침시인
　　　　　　　　　　　　　　　　　　　一切諸大難 無能侵是人
하늘이나 사람이나 부처님복 받으오며　　천상급인간 수복여불등
　　　　　　　　　　　　　　　　　　　天上及人間 受福如佛等
이여의주 얻는이는 깨달음을 얻으리라　　우차여의주 정획무등등
　　　　　　　　　　　　　　　　　　　遇此如意珠 定獲無等等
칠구지 불모 대준제 보살님께 귀의합니다⑶　나무칠구지불모대준제보살
　　　　　　　　　　　　　　　　　　　南無七俱胝佛母大准提菩薩

시방법계 깨끗하게 하는진언　　　　　정법계진언 淨法界眞言

옴 남 ⑶

몸을 보호하는 진언　　　　　　　　호신진언 護身眞言

옴 치림 ⑶

관세음보살 본심미묘 육자대명왕진언 觀世音菩薩本心微妙六字大明王眞言

옴 마니 반메 훔 ⑶

준제진언　　　　　　　　　　　　　준제진언 准提眞言

나무 사다남 삼먁삼못다 구치남 다냐타
옴 자례주례 준제 사바하 부림 (3)

제가이제 대준제를 지성으로 외우면서　　아금지송대준제
　　　　　　　　　　　　　　　　　　　我今持誦大准提
크고넓은 보리심의 광대한원 세우오니　　즉발보리광대원
　　　　　　　　　　　　　　　　　　　卽發普提廣大願
선정지혜 함께닦아 두루밝기 원하오며　　원아정혜속원명
　　　　　　　　　　　　　　　　　　　願我定慧速圓明
거룩하신 모든공덕 남김없이 이루오며　　원아공덕개성취
　　　　　　　　　　　　　　　　　　　願我功德皆成就
수승한복 큰장엄을 두루두루 갖추어서　　원아승복변장엄
　　　　　　　　　　　　　　　　　　　願我勝福遍莊嚴
한량없는 중생들과 함께불도 이루리다　　원공중생성불도
　　　　　　　　　　　　　　　　　　　願共衆生成佛道

부처님이 수행시에 열가지의 큰발원문　　여래십대발원문
　　　　　　　　　　　　　　　　　　　如來十大發願文
나는길이 삼악도를 여의옵기 원하오며　　원아영리삼악도
　　　　　　　　　　　　　　　　　　　願我永離三惡道
나는속히 탐진치를 바로끊기 원하오며　　원아속단탐진치
　　　　　　　　　　　　　　　　　　　願我速斷貪嗔癡
나는항상 불법승에 말씀듣기 원하오며　　원아상문불법승
　　　　　　　　　　　　　　　　　　　願我常聞佛法僧
나는널리 계정혜를 힘써닦기 원하오며　　원아근수계정혜
　　　　　　　　　　　　　　　　　　　願我勤修戒定慧
나는항상 부처님법 배우기를 원하오며　　원아항수제불학
　　　　　　　　　　　　　　　　　　　願我恒隨諸佛學
나는오래 보리심서 퇴전않기 원하오며　　원아불퇴보리심
　　　　　　　　　　　　　　　　　　　願我不退菩提心

나는정녕 극락세계 태어나기 원하오며   원아결정생안양
願我決定生安養
나는속히 아미타불 친견하기 원하오며   원아속견아미타
願我速見阿彌陀
나는이제 나툰몸을 두루펴기 원하오며   원아분신변진찰
願我分身遍塵刹
나는널리 모든중생 제도하기 원합니다   원아광도제중생
願我廣度諸衆生

삼세제불 모든보살 네가지의 크신서원   발 사홍서원
發 四弘誓願
제가지금 부처님께 정성다해 바칩니다

중생들이 수없지만 기어이다 건지리다   중생무변서원도
衆生無邊誓願度
번뇌망상 끝없지만 기어이다 끊으리다   번뇌무진서원단
煩惱無盡誓願斷
무량법문 한없지만 기어이다 배우리다   법문무량서원학
法門無量誓願學
무상불도 드높지만 기어이다 이루리다   불도무상서원성
佛道無上誓願成

내마음의 중생부터 남김없이 건지리다   자성중생서원도
自性衆生誓願度
내마음의 번뇌부터 남김없이 끊으리다   자성번뇌서원단
自性煩惱誓願斷
내마음의 법문부터 남김없이 배우리다   자성법문서원학
自性法門誓願學
내마음의 불도부터 남김없이 이루리다   자성불도서원성
自性佛道誓願成

예배로서 찬탄하고 공양하며 참회하고 발원이 귀명례삼보
발원하고 발원하여 이와같이 마치옵고 發願已 歸命禮三寶

거룩하온 삼보님께 귀의하고 귀의합니다
시방삼세 항상계신 부처님께 귀의합니다 나무상주시방불
　　　　　　　　　　　　　　　　　　　南無常住十方佛
시방삼세 항상계신 가르침에 귀의합니다 나무상주시방법
　　　　　　　　　　　　　　　　　　　南無常住十方法
시방삼세 항상계신 스님들께 귀의합니다(3) 나무상주시방승
　　　　　　　　　　　　　　　　　　　　南無常住十方僧

신구의로 지은업을 깨끗하게 하는진언 정삼업진언 淨三業眞言

옴 사바바바 수다살바 달마 사바바바 수도함 (3)

법의단을 여는진언 개단진언 開壇眞言

옴 바아라 뇌로 다가다야 삼마야 바라베 사야 훔 (3)

법의단을 세우는 진언 건단진언 建壇眞言

옴 난다 난다 나지나지 난다바리 사바하 (3)

시방법계 깨끗하게 하는진언 정법계진언 淨法界眞言
라자의빛 선명하고 깨끗한데 라자색선백
　　　　　　　　　　　　　羅字色鮮白
공점의미 두루갖춰 장엄하니 공점이엄지
　　　　　　　　　　　　　空點以嚴之

24

저육계상 밝고밝은 구슬처럼	여피계명주 如彼髻明珠
정수리에 그윽하게 두옵나니	치지어정상 置之於頂上
진언법계 다른것이 아니어서	진언동법계 眞言同法界
한량없는 모든죄업 소멸하며	무량중죄제 無量重罪除
일체경계 부딪치는 그자리에	일체촉예처 一切觸穢處
람자진언 어느때나 외옵니다	당가차자문 當加此字門

나무 사만다 못다남 남 (3)

25

법화경 약찬게 (法華經 略纂偈)

일승묘법연화경	보장보살약찬게	부처님의	일불승	실상묘법	연화경을
一乘妙法蓮華經	寶藏菩薩略纂偈	보장보살	간략하게	게송으로	이르시네
나무화장세계해	왕사성중기사굴	연꽃으로	이루어진	다함없는	화장세계
南無華藏世界海	王舍城中耆闍崛	왕사성중	기사굴산	다른이름	영취산에
상주불멸석가존	시방삼세일체불	상주불멸	석가모니	부처님께	귀의하니
常住不滅釋迦尊	十方三世一切佛	과거현재	미래삼세	시방모든	부처님들
종종인연방편도	항전일승묘법륜	이런저런	인연법과	갖가지의	방편으로
種種因緣方便道	恒轉一乘妙法輪	일승묘법	진리바퀴	영원토록	굴리시네
여비구중만이천	누진자재아라한	부처님과	함께하는	일만이천	비구대중
與比丘衆萬二千	漏盡自在阿羅漢	이는모두	번뇌다해	자재얻은	대아라한
아야교진대가섭	우루빈나급가야	오비구중	아야교진	두타제일	마하가섭
阿若憍陳大迦葉	優樓頻那及伽耶	삼형제로	우루빈나	가야가섭	나제가섭
나제가섭사리불	대목건련가전연	지혜제일	사리불과		가전연과
那提迦葉舍利弗	大目犍連迦旃延	신통제일	대목건련	논의제일	
아누루타겁빈나	교범바제이바다	천안제일	아누루타	천문학자	겁빈나와
阿㝹樓駄劫賓那	憍梵婆提離婆多	소신공양	교범바제	욕심없는	이바다와
필릉가바박구라	마하구치라난타	경행좌선	필릉가바	무병장수	박구라와
畢陵伽婆縛拘羅	摩訶拘絺羅難陀	설득귀재	구치라와	소를키운	목우난타
손타라여부루나	수보리자여아란	이복아우	손타라와	설법제일	부루나와
孫陀羅與富樓那	須菩提者與阿難	해공제일	수보리와	다문제일	아난다와
나후라등대비구	마하바사바제급	밀행제일	라훌라등	큰비구들	함께하고
羅睺羅等大比丘	摩訶婆闍婆提及	마하파사	파제니와	육천권속	함께하고
나후라모야수다	비구니등이천인	라훌라의	모친으로	야수다라	비구니는
羅睺羅母耶輪陀	比丘尼等二千人	이천권속	함께하니	모두합해	팔천이라
마하살중팔만인	문수사리관세음	마하살중	팔만인은	불퇴전의	보살로서
摩訶薩衆八萬人	文殊師利觀世音	대지문수	사리보살	대자대비	관음보살

득대세여상정진	불휴식급보장사	큰세력의	득대세와	끈기있는	상정진과
得大勢與常精進	不休息及寶掌士	쉼없는	불휴식과	보장보살	함께하고
약왕용시급보월	월광만월대력인	약왕보살	용시보살	보월보살	월광보살
藥王勇施及寶月	月光滿月大力人	만월보살	대력보살	큰힘가진	무량력과
무량력여월삼계	발타바라미륵존	무심행자	월삼계와	발타바라	보살이며
無量力與越三界	跋陀婆羅彌勒尊	도솔천주	미륵보살	보적보살	도사보살
보적도사제보살	석제환인월천사	이와같은	모든보살	영상회상	함께하네
寶積導師諸菩薩	釋提桓因月天子	석제환인	그의권속	이만천자	함께하고
보향보광사천왕	자재천자대자재	명월천자	보향천자	보광천자	사천왕이
寶香寶光四天王	自在天子大自在	일만권속	함께하며	자재천자	대자재천
사바계주범천왕	시기대범광명범	삼만권속	함께하고	사바계주	범천왕인
娑婆界主梵天王	尸棄大梵光明梵	시기대범	광명대범	일만이천	권속이라
난타용왕발란타	사갈라왕화수길	팔대용왕	있었으니	난타용왕	발난타와
難陀龍王跋難陀	娑竭羅王和修吉	사갈라왕	화수길과	덕차가와	아나바달
덕치아나바달다	마나사용우바라	마나사왕	우발라로	백천권속	함께하고
德叉阿那婆達駄	摩那斯龍優婆羅	서로서로	이끌어서	영상회상	모여들고
법긴나라묘법왕	대법긴나지법왕	법긴나라	묘법긴나	대법긴나	지법긴나
法緊那羅妙法王	大法緊那持法王	각기백천	권속으로	삼삼오오	모여들며
악건달바악음왕	미건달바미음왕	악건달바	악음왕과	미건달바	미음왕이
樂乾達婆樂音王	美乾達婆美音王	그들각기	백천권속	함께하여	모여들고
바치가라건타왕	비마질다라수라	바치수라	거라수라	비마질다	나후수라
婆稚佉羅乾陀王	毘摩質多羅修羅	이들사대	아수라왕	백천권속	함께하며
나후아수라왕등	대덕가루대신왕	대덕가루	대신가루	대만가루	여의가루
羅睺阿修羅王等	大德迦樓大身王	이들사대	가루라왕	백천권속	함께하고
대만가루여의왕	위제희자아사세	위제희의	아들로서	마갈타국	아사세왕
大滿迦樓如意王	偉提希子阿闍世	백천권속	이끌어서	영산회상	함께하네
각여약간백천인	불위설경무량의	석가모니	부처님이	무량의경	설하시고
各與若干百千人	佛爲說經無量義	무량의처	삼매중에	결가부좌	선정드니
무량의처삼매중	천우사화지육진	만다라꽃	대만다라	만수사꽃	대만수사
無量義處三昧中	天雨四花地六震	하늘에서	꽃비오고	육종으로	진동하고

사중팔부인비인	급제소왕전륜왕	사부대중	천룡팔부	사람인듯	아닌사람
四衆八部人非人	及諸小王轉輪王	작은나라	모든소왕	큰나라의	전륜왕과
제대중득미증유	환희합장심관불	모든대중	생각하니	전에없던	일인지라
諸大衆得未曾有	歡喜合掌心觀佛	환희심에	합장하고	부처님을	우러뵈니
불방미간백호광	광조동방만팔천	석가모니	부처님이	미간백호	광명놓아
佛放眉間白毫光	光照東方萬八千	동방으로	일만팔천	너른세계	비추시되
하지아비상아가	중생제불급보살	아래로는	아비지옥	또한위로	아가니타
下至阿鼻上阿迦	衆生諸佛及菩薩	중생들과	부처님과	대승보살	마하살이
종종수행불설법	열반기탑차실견	갖가지로	수행하고	성도하고	설법하고
種種修行佛說法	涅槃起塔此悉見	열반하고	탑세우는	모든현상	다보았네
대중의념미륵문	문수사리위결의	대중들이	의념하여	미륵보살	질문하니
大衆疑念彌勒問	文殊師利爲決疑	문수사리	법왕자가	의심풀어	대답하되
아어과거견차서	즉설묘법여당지	내가과거	무량겁에	이런상서	보았는데
我於過去見此瑞	卽說妙法汝當知	묘법설할	징조이니	그대들은	필히알라
시유일월등명불	위설정법초중후	그당시에	일월등명	부처님이	계셨으며
時有日月燈明佛	爲說正法初中後	바른법을	설하시매	처음중간	마지막이
순일무잡범행상	설응제연육도법	순일하여	섞임없고	깨끗한행	갖추오니
純一無雜梵行相	說應諦緣六度法	근기따라	사제십이	육바라밀	설하시어
영득아뇩보리지	여시이만개동명	아뇩보리	일체종지	모두얻게	하시나니
令得阿耨菩提智	如是二萬皆同名	이와같이	이만부처	같은이름	일월등명
최후팔자위법사	시시육서개여시	맨마지막	여덟왕자	모두법사	되었으니
最後八子爲法師	是時六瑞皆如是	그때에도	육종진동	모두이와	같았어라
묘광보살구명존	문수미륵기이인	묘광보살	구명존은	팔백명의	제자두니
妙光菩薩求名尊	文殊彌勒豈異人	문수보살	묘광이고	미륵보살	구명일세
덕장견만대요설	지적상행무변행	덕장보살	견만보살	대요설의	보살이며
德藏堅滿大樂說	智積上行無邊行	지적보살	상행보살	무변행의	보살이며
정행보살안립행	상불경사수왕화	정행보살	안립행과	크신보살	상불경과
淨行菩薩安立行	常不輕士宿王華	미리내의	별들왕자	수왕화의	보살이며
일체중생희견인	묘음보살상행의	일체중생	희견인은	으뜸가는	보살이고
一切衆生喜見人	妙音菩薩上行意	묘음보살	상행의는	다시없는	대승보살

장엄왕급화덕사	무진의여지지인
莊嚴王及華德士	無盡意與持地人

장엄왕과 화덕보살 묘음품의 보살이고
무진의와 지지보살 보문품의 보살이라

광조장엄약왕존	약왕보살보현존
光照莊嚴藥王尊	藥上菩薩普賢尊

광조장엄 약왕존과 약상보살 보현보살

상수삼세시방불	일월등명연등불
常隨三世十方佛	日月燈明燃燈佛

시방삼세 부처님을 항상함께 따르나니
일월등명 시작으로 연등불로 이어지고

대통지승여래불	아촉불급수미정
大通智勝如來佛	阿閦佛及須彌頂

대통지승 여래불과 아촉불과 수미정불

사자음불사자상	허공주불상멸불
師子音佛師子相	虛空住佛常滅佛

사자음불 사자상불 허공주불 상멸불과

제상불여범상불	아미타불도고뇌
帝相佛與梵相佛	阿彌陀佛度苦惱

제상불과 범상불과 극락정토 아미타불
세간고뇌 건져주는 도고뇌의 부처님과

다마라불수미상	운자재불자재왕
多摩羅佛須彌相	雲自在佛自在王

전단향의 다마라불 으뜸신통 수미상불
구름처럼 걸림없는 운자재불 자재왕불

괴포외불다보불	위음왕불일월등
壞怖畏佛多寶佛	威音王佛日月燈

공포부순 괴포외불 갖은보배 다보불과
위음왕불 임원등명 무량겁전 부처님과

운자재등정명덕	정화수왕운뢰음
雲自在燈淨明德	淨華宿王雲雷音

운자재등 부처님과 정명덕왕 부처님과
정화수왕 부처님과 운뇌음왕 부처님과

운뢰음수왕화지	보위덕상왕여래
雲雷音宿王華智	寶威德上王如來

구름우레 벽력같은 별들지혜 수왕화지
값진보배 크신위엄 보위덕상 부처님등

여시제불제보살	이금당래설묘법
如是諸佛諸菩薩	已今當來說妙法

이와같은 모든부처 모든보살 설법하니
이미설법 지금설법 장차설법 끝없어라

어차법회여시방	상수석가모니불
於此法會與十方	常隨釋迦牟尼佛

이법회에 모인대중 시방세계 대중들이
석가모니 부처님을 언제든지 따르면서

운집상종법회중	점돈신자용녀등
雲集相從法會中	漸頓身子龍女等

구름처럼 서로모여 영산법회 함께하니
사리불은 점법이고 용녀등은 돈법이나

일우등주제수초	서품방편비유품
一雨等澍諸樹草	序品方便譬喩品

같은비가 모든수초 평등하게 내리듯이
모든중생 법화행자 동등하게 이익얻네

신해약초수기품	화성유품오백제
信解藥草授記品	化城喩品五百弟

이십팔품 열거하면 서품방편 비유품과
신해약초 수기품은 일이삼품 사오륙품

수학무학인기품	법사품여견보탑	화성유품	오백제자	수학무학	칠팔구품
授學無學人記品	法師品與見寶塔	열번째로	법사품과	열한번째	견보탑품
제바달다여지품	안락행품종지용	열두번째	제바달다	권지품은	열세번째
提婆達多與持品	安樂行品從地涌	안락행품	종지용출	십사십오	품이되고
여래수량분별공	수희공덕법사공	여래수량	분별공덕	십육십칠	품이면서
如來壽量分別功	隨喜功德法師功	수희공덕	법사공덕	십팔십구	품일러라
상불경품신력품	촉루약왕본사품	스무번째	상불경품	이십일품	여래신력
常不輕品神力品	囑累藥王本事品	촉루품은	이십이품	약왕본사	이십삼품
묘음관음보문품	다라니품묘장엄	묘음보살	이십사품	관음보문	이십오품
妙音觀音普門品	陀羅尼品妙莊嚴	이십육은	다라니품	이십칠은	묘장엄품
보현보살권발품	이십팔품원만교	보현보살	권발품이	마무리를	장식하니
普賢菩薩勸發品	二十八品圓滿敎	일곱권에	이십팔품	원만교설	아름답네
시위일승묘법문	지품별게개구족	이것이곧	일승묘법	법화경의	법문으로
是爲一乘妙法門	支品別偈皆具足	지품마다	게송들이	모두모두	구족하니
독송수지신해인	종불구생불의부	독송하고	수지하고	믿고이해	하는사람
讀誦受持信解人	從佛口生佛衣覆	말씀으로	태어나고	부처님이	덮어주며
보현보살내수호	마귀제뇌개소제	보현보살	다가와서	그를수호	하여주고
普賢菩薩來守護	魔鬼諸惱皆消除	마귀들의	괴롭힘은	한결같이	사라지고
불탐세간심의직	유정억념유복덕	세간사에	탐착않고	마음과뜻	올곧으며
不貪世間心意直	有正憶念有福德	올바르게	기억하여	그복덕이	한량없고
망실구게영통리	불구당예도량중	잊고있던	구절게송	다통하여	알게되고
忘失句偈令通利	不久當詣道場中	머지않아	법화회상	보리도량	나아가서
득대보리전법륜	시고견자여경불	깨달음을	얻게되고	묘법륜을	굴리나니
得大菩提轉法輪	是故見者如敬佛	그러므로	만나는자	여래처럼	공경하네
나무묘법연화경	영산회상불보살	실상묘법	연화경의	영산회상	불보살님
南無妙法蓮華經	靈山會上佛菩薩	지극정성	마음모아	지성귀의	하나이다
일승묘법연화경	보장보살약찬게	부처님이	일불승의	실상묘법	연화경을
一乘妙法蓮華經	寶藏菩薩略讚偈	보장보살	게송으로	이와같이	꽃피우네

관음경 = 관세음보살보문품
觀 音 經   觀 世 音 菩 薩 普 門 品

25-01 그때 무진의보살이 자리에서 일어나 오른쪽 어깨를 드러내고 부처님을 향해 합장하고 이렇게 여쭈었습니다.

25-02 "세존이시여! 관세음보살은 어떠한 인연으로 관세음이라 불리나이까?"

25-03 부처님께서 무진의보살에게 이르시되, '선남자여! 만일 한량없는 백 천만 억 중생이 갖가지 괴로움을 당할 적에 관세음보살의 이름을 듣고 한 마음으로 그 이름을 부르면, 관세음보살이 그 음성을 관하고 곧 해탈케 하느니라.

25-04 관세음보살의 이름을 지니는 이는 혹 큰 불속에 들어가더라도 불이 그를 태우지 못할 것이니 이것은 보살의 신그러운 위력 때문이며, 혹 큰물에 떠내려가더라도 그 이름을 부르면 곧 얕은 곳에 이를 것이며, 혹 백 천만 억 중생이 금·은·유리·자거마노·산호·호박·진주 등의 보

25-01 이시에 무진의보살이 즉
爾 時　無 盡 意 菩 薩　卽
종좌기 편단우견 합장향불
從 座 起　偏 袒 右 肩　合 掌 向 佛
이작시언
而 作 是 言

25-02 세존 관세음보살이
世 尊　觀 世 音 菩 薩
이하인연으로 명관세음이닛고
以 何 因 緣　名 觀 世 音

25-03 불고무진의보살하사대 선
佛 告 無 盡 意 菩 薩　善
남자야 약유무량백천만억중생이
男 子　若 有 無 量 百 千 萬 億 衆 生
수제고뇌할새 문시관세음보살하고
受 諸 苦 惱　聞 是 觀 世 音 菩 薩
일심칭명하면 관세음보살이 즉시에
一 心 稱 名　觀 世 音 菩 薩　卽 時
관기음성하고 개득해탈케하나니라
觀 其 音 聲　皆 得 解 脫

25-04 약유지시관세음보살
若 有 持 是 觀 世 音 菩 薩
명자는 설입대화라도 화불능소하리니
名 者　說 入 大 火　火 不 能 燒
유시보살의 위신력고닛고 약위대
由 是 菩 薩　威 神 力 故　若 爲 大
수소표라도 칭기명호하면 즉득천처하며
水 所 漂　稱 其 名 號　卽 得 淺 處
약유백천만억중생이 위구금은
若 有 百 千 萬 億 衆 生　爲 求 金 銀

배를 구하기 위해 큰 바다에 들어갔을 때에, 설사 큰 폭풍이 불어와서 그 배가 뒤집혀 나찰귀의 나라에 떠내려가게 되었더라도 그 가운데 누구든지 관세음보살을 부르는 이가 한 사람이라도 있으면, 다른 모든 사람들도 다 죽음의 난을 벗어나게 될 것이니, 이러한 인연으로 관세음이라 하느니라.

유리 자거 마노 산호 호박
琉璃 硨磲 瑪瑙 珊瑚 琥珀
진주등보^하 입어대해^컨 가사흑
眞珠等寶 入於大海 假使黑
풍^이 취기선방^하 표타나찰귀
風 吹其船舫 漂墮羅刹鬼
국^하 기중^에 약유내지일인^이 칭
國 其中 若有乃至一人 稱
관세음보살명자^하 시제인등^이
觀世音菩薩名者 是諸人等
개득해탈 나찰지난^하 이시인
皆得解脫 羅刹之難 以是因
연^으 명관세음^{이니}
緣 名觀世音

25-05 또 어떤 사람이 만일 해를 당하게 되었을 때 관세음보살을 부르면 저들이 가진 칼과 흉기가 조각조각 부서져 위험에서 벗어남을 얻을 것이며, 혹 삼천대천세계에 가득 찬 야차와 나찰이 사람을 괴롭게 할지라도 관세음보살의 이름을 부르는 것을 들으면 저 모든 악귀들이 감히 악한 눈으로 쳐다보지도 못하거늘 하물며 어찌 해칠 수가 있겠느냐.

25-05 약부유인^이 임당피해^하
若復有人 臨當被害
칭관세음보살명자^하 피소집도
稱觀世音菩薩名者 彼所執刀
장^이 심단단괴^하 이득해탈^{하며} 약삼
杖 尋段段壞 而得解脫 若三
천대천국토^에 만중야차나찰^이
千大千國土 滿中夜叉羅刹
욕래뇌인^{이라} 문기칭관세음보살
欲來惱人 聞其稱觀世音菩薩
명자^하 시제악귀상불능이악안^{으로}
名者 是諸惡鬼尙不能以惡眼
시지^언 황부가해^{리요}
視之 況復加害

25-06 만일 어떤 사람이 죄가 있거나 죄가 없거나 고랑을 차고 칼을 쓰고 몸이 쇠사슬에 묶이었더라도, 관세음보살을 부르면 이것들이 끊어지

25-06 설부유인^이 약유죄^나 약
說復有人 若有罪 若
무죄^{어나} 추계가쇄^하 검계기신^{이라도}
無罪 杻械伽鎖 檢繫其身
칭관세음보살명자^하 개실단괴^하
稱觀世音菩薩名者 皆悉斷壞

33

고 부서져 벗어나게 될 것이며,

25-07 또 어떤 큰 장사꾼이 여러 상인을 거느리어 귀중한 보물들을 가지고 나쁜 원수와 도적이 가득한 험한 길을 지나가더라도 그 가운데 한 사람이, '여러분이여, 그대들은 두려워하지 말고, 다만 한 마음으로 관세음보살의 이름을 부르라. 이 보살님이 능히 중생들에게 두려움이 없는 힘을 베풀어 보살펴 주실 것이니 그대들이 만일 그 이름을 부르면 이 도적들을 벗어나게 되리라.' 말하여, 여러 상인들이 이 말을 듣고 다 함께 소리를 내어 '나무관세음보살' 하고 부르면 그 이름을 부르므로 곧 위험에서 벗어나게 되느니라. 무진의여! 관세음보살의 신그러운 위력의 드높음이 이와 같으니라.

25-08 또 어떤 중생이 음욕이 많더라도 항상 관세음보살을 생각하고 공경하면 곧 음욕을 여의게 되며, 만일 성내는 마음이 많더라도 관세음보살을 생각하고 공경하면 곧 그 마음을 여의게 되며, 만약 어리석음이 많더

즉득해탈하나니라
卽得解脫

25-07 약삼천대천국토에 만중
若三千大千國土 滿中
원적이 유일상주장제상인하고 재
怨賊 有一商主將諸商人 齎
지중보하야 경과험로할새 기중일인이
持重寶 經過險路 其中一人
작시창언하되 제선남자야 물득공
作是唱言 諸善男子 勿得恐
포하고 여등은 응당일심으로 칭관세음
怖 汝等 應當一心 稱觀世音
보살명호하라 시보살이 능이무외로
菩薩名號 是菩薩 能以無畏
시어중생하나니 여등이 약칭명자면
施於衆生 汝等 若稱名者
어차원적에 당득해탈하리라하야 중상인
於此怨賊 當得解脫 衆商人
이 문하고 구발성언하되 나무관세음보
聞 俱發聲言 南無觀世音菩
살하면 칭기명고로 즉득해탈하리니 무
薩 稱其名故 卽得解脫 無
진의야 관세음보살마하살의 위
盡意 觀世音菩薩摩訶薩 威
신지력이 외외여시니라
神之力 巍巍如是

25-08 약유중생이 다어음욕이라도
若有衆生 多於婬欲
상념공경관세음보살하면 변득이
常念恭敬觀世音菩薩 便得離
욕하고 약다진에라 상념공경관세
欲 若多瞋恚 常念恭敬觀世
음보살하면 변득이진하며 약다우치라
音菩薩 便得離瞋 若多愚痴

34

라도 항상 관세음보살을 생각하고 공경하면 곧 어리석음을 여의게 되느니라.

25-09 무진의여! 관세음보살이 이와 같은 큰 위신력이 있어서 이롭게 하는 일이 많으니 그러므로 중생들은 항상 마음으로 생각할지니라."

25-10 "또 만일 어떤 여인이 아들을 얻기 위하여 관세음보살께 예배공양하면 곧 복덕과 지혜를 갖춘 훌륭한 아들을 얻을 것이며, 만일 딸 얻기를 원하면 단정하고 용모를 갖춘 딸을 얻을 것인데 전생에 덕을 심었으므로 뭇 사람이 사랑하고 공경할 것이니, 무진의여! 관세음보살은 이와 같은 힘이 있느니라.

25-11 또 어떤 중생이 관세음보살에게 공경하고 예배하면 그 복은 헛되지 않을 것이니 그러므로 중생은 모름지기 관세음보살의 이름을 받아지닐지니라.

25-12 무진의여! 또 어떤 사람이 62억 항하의 모래수 처럼 많은 보살의 이름을 받아 지니고 또 그 목숨이

상념공경관세음보살하면 변득이
常念恭敬觀世音菩薩 便得離
치하리니
痴

25-09 무진의야 관세음보살이
無盡意 觀世音菩薩
유여시 등대위신력하야 다소요
有如是 等大威神力 多所饒
익하나니 시고로 중생이 상응심념이니라
益 是故 衆生 常應心念

25-10 약유여인이 설욕구남하야
若有如人 設欲求男
예배공양관세음보살하면 변생복
禮拜供養觀世音菩薩 便生福
덕지혜지남하며 설욕구녀하면 변생
德智慧之男 設欲求女 便生
단정유상지녀하야 숙식덕본일새 중
端正有相之女 宿植德本 衆
인이 애경하리니 무진의야 관세음보
人 愛敬 無盡意 觀世音菩
살이 유여시력이니라
薩 有如是力

25-11 약유중생이 공경예배
若有衆生 恭敬禮拜
관세음보살하면 복불당연하리 시고로
觀世音菩薩 福不唐損 是故
중생이 개응수지 관세음보살
衆生 皆應受持 觀世音菩薩
명호니라
名號

25-12 무진의야 약유인이 수지
無盡意 若有人 受持
육십이억항하사 보살명자하고 부
六十二億恒河沙 菩薩名字 復

마치도록 음식과 의복과 침구와 의약으로 공양한다면 선남자 선여인의 공덕이 얼마나 많다고 생각하느냐?"

25-13 무진의가 사뢰었습니다. "아주 많겠나이다. 세존이시여!"

25-14 부처님께서 말씀하셨습니다. "만일 또 어떤 사람이 관세음보살의 이름을 받아 지니고 단 한때라도 공양하였다면 이 두 사람의 복은 꼭 같고 조금도 다름이 없어서 백 천만 억 겁에 이르도록 다함이 없을 것이니,

25-15 무진의여! 관세음보살의 이름을 받아 지니면 이와 같이 한량없고 끝없는 복덕의 이익을 얻느니라."

25-16 무진의보살이 부처님께 여쭈었습니다. "세존이시여! 관세음보살님께서 어떻게 이 사바세계에 노니시오며 중생을 위하여 어떻게 설법 하시오며 그 방편의 힘은 어떠하시나이까?"

25-13 진형^{토록} 공양음식의복와구의약^{하면}
盡形 供養飮食依服臥具醫藥
어여의운하^오 시선남자선여인^의
於汝意云何 是善男子善女人
공덕^이 다부^아
功德 多不

25-13 무진의언^{하며} 심다^{니이다} 세
無盡意言 甚多 世
존^{이시여}
尊

25-14 불언^{하사대} 약부유인^이 수
佛言 若復有人 受
지관세음보살명호^{하되} 내지일시^{라도}
持觀世音菩薩名號 乃至一時
예배공양^{하면} 시이인^의 복^이 정등무
禮拜供養 是二人 福 正等無
이^{하야} 어백천만억겁^에 불가궁
異 於百千萬億劫 不可窮
진^{이니라}
盡

25-15 무진의^야 수지관세음보
無盡意 受持觀世音菩
살명호^{하면} 득여시 무량무변 복
薩名號 得如是 無量無邊 福
덕지리^{하리라}
德之利

25-16 무진의보살^이 백불언^{하되}
無盡意菩薩 白佛言
세존^{이시여} 관세음보살^이 운하유차
世尊 觀世音菩薩 云何遊此
사바세계^{하며} 운하이위중생설법^{하며}
娑婆世界 云何而爲衆生說法
방편지력^은 기사운하^{이닛고}
方便之力 其事云何

25-17 부처님께서 무진의보살에게 말씀하셨습니다. "선남자여! 만일 어떤 세계 중생이 부처님 몸으로 제도해야 될 이가 있으면 관세음보살이 곧 부처님의 몸을 나투어 진리를 말하고, 벽지불의 몸으로 제도해야 될 이가 있으면 곧 벽지불의 몸으로 나투어 진리를 말하며, 성문의 몸으로 제도해야 될 이가 있으면 관세음보살이 곧 성문의 몸을 나투어 진리를 말하고,

25-18 범천왕의 몸으로 제도해야 될 이가 있으면 곧 범천왕의 몸을 나투어 진리를 말하며, 제석천왕의 몸으로 제도해야 될 이가 있으면 곧 제석천왕의 몸으로 나투어 진리를 말하며, 자재천왕의 몸으로 제도해야 될 이가 있으면 곧 자재천왕의 몸을 나투어 진리를 말하며, 대자재천왕의 몸으로 제도해야 될 이가 있으면 곧 대자재천왕의 몸을 나투어 진리를 말하며,

25-19 하늘대장군의 몸으로 제도해야 될 이가 있으면 곧 하늘대장군의 몸을 나투어 진리를 말하며, 비사문의 몸으로 제도해야 될 이가 있으면 곧 비사문의 몸을 나투어 진리를 말

25-17 불고무진의보살_{하사} 선
　　　　佛告無盡意菩薩　　善
남자_야 약유국토중생_이 응이불
男子　　若有國土衆生　　應以佛
신_{으로} 득도자_는 관세음보살_이 즉현
身　　得度者　觀世音菩薩　卽現
불신_{으로} 이위설법_{하며} 응이벽지불
佛身　　而爲說法　　應以辟支佛
신_{으로} 득도자_는 즉현벽지불신_{으로} 이
身　　得度者　卽現辟支佛身　而
위설법_{하며} 응이성문신_{으로} 득도자_는
爲說法　　應以聲聞身　　得度者
즉현성문신_{하야} 이위설법_{하며}
卽現聲聞身　　而爲說法

25-18 응이범왕신_{으로} 득도자_는
　　　　應以梵王身　　得度者
즉현범왕신_{하야} 이위설법_{하며} 응이
卽現梵王身　　而爲說法　　應以
제석신_{으로} 득도자_는 즉현제석신_{하야}
帝釋身　　得度者　卽現帝釋身
이위설법_{하며} 응이자재천신_{으로} 득
而爲說法　　應以自在天身　　得
도자_는 즉현자재천신_{하야} 이위설
度者　卽現自在天身　而爲說
법_{하며} 응이대자재천신_{으로} 득도자_는
法　　應以大自在天身　　得度者
즉현대자재천신_{하야} 이위설법_{하며}
卽現大自在天身　　以爲說法

25-19 응이천대장군신_{으로} 득도
　　　　應以天大將軍身　　得度
자_는 즉현천대장군신_{하야} 이위설
者　卽現天大將軍身　以爲說
법_{하며} 응이비사문신_{으로} 득도자_는 즉
法　　應以毘沙門身　　得度者　卽

하며,

25-20 작은 나라 임금의 몸으로 제도해야 될 이가 있으면 곧 작은 나라 임금의 몸을 나투어 진리를 말하며, 장자의 몸으로 제도해야 될 이가 있으면 곧 장자의 몸을 나투어 진리를 말하며, 거사의 몸으로 제도해야 될 이가 있으면 곧 거사의 몸으로 나투어 진리를 말하며, 재상의 몸으로 제도해야 될 이가 있으면 곧 재상의 몸을 나투어 진리를 말하며, 바라문의 몸으로 제도해야 될 이가 있으면 곧 바라문의 몸을 나투어 진리를 말하며,

25-21 비구·비구니·우바새·우바이의 몸으로 제도해야 될 이가 있으면 곧 비구·비구니·우바새·우바이의 몸을 나투어 진리를 말하며,

25-22 장자·거사·바라의 부인의 몸으로 제도해야 될 이가 있으면 곧 그 부녀의 몸을 나투어 진리를 말하며, 동남·동녀의 몸으로 제도해야

현비사문신하야 이위설법하며
現畏沙門身 以爲說法

25-20 응이소왕신으로 득도자는
應以小王身 得度者
즉현소왕신하야 이위설법하며 응이
卽現小王身 以爲說法 應以
장자신으로 득도자는 즉현장자신하야
長者身 得度者 卽現長者身
이위설법하며 응이거사신으로 득도
以爲說法 應以居士身 得度
자는 즉현거사신하야 이위설법하며 응
者 卽現居士身 以爲說法 應
이재관신으로 득도자는 즉현재관
以宰官身 得度者 卽現宰官
신하야 이위설법하며 응이바라문신으로
身 以爲說法 應以婆羅門身
득도자는 즉현바라문신하야 이위
得度者 卽現婆羅門身 以爲
설법하며
說法

25-21 응이비구비구니 우바
應以比丘比丘尼 優婆
새우바이신으로 득도자는 즉현비
塞優婆夷身 得度者 卽現比
구비구니 우바새우바이신하야 이
丘比丘尼 優婆塞優婆夷身 以
위설법하며
爲說法

25-22 응이장자 거사 재관
應以長者 居士 宰官
바라문의 부녀신으로 득도자는 즉현
婆羅門 婦女身 得度者 卽現
부녀신하야 이위설법하며 응이동남
婦女身 以爲說法 應以童男

될 이가 있으면 곧 동남·동녀의 몸을 나투어 진리를 말하며,

25-23 하늘·사람·용·야차·건달바·아수라·가루라·긴나라·마후라가·인비인 등의 몸으로 제도해야 될 이가 있으면 곧 다 그들의 몸을 나투어 진리를 말하며,

25-24 집금강신의 몸으로 제도해야 될 이가 있으면 곧 집금강신의 몸을 나투어 진리를 말하느니라.

25-25 무진의여! 관세음보살이 이와 같은 공덕을 성취하여 여러 가지 모양으로 온 세계에 노닐면서 중생을 제도하여 해탈케 하느니라.

25-26 그러므로 너희들은 마땅히 한마음으로 관세음보살에게 공양할지니라. 이 관세음보살마하살이 두려움과 급한 환란 가운데서 능히 두려움을 없게 베푸는 것이니, 이런 까닭으로 사바세계에서 모두 다, 부르기를 '두려움을 없게 베푸는 이'라고 하느니라."

25-27 무진의보살이 부처님께 사뢰

동녀신으 득도자는 즉현동남동
童女身　得度者　卽現童男童
녀신하야 이위설법하며
女身　以爲說法

25-23 응이천룡 야차 건달
應以天龍 夜叉 乾闥
바 아수라 가루라 긴나라 마
婆 阿修羅 迦樓羅 緊那羅 摩
후라가 인비인등신으 득도자는
睺羅伽 人非人等身　得度者
즉개현지하야 이위설법하며
卽皆現之　以爲說法

25-24 응이집금강신으 득도자
應以執金剛神　得度者
는 즉현집금강신하야 이위설법하며
卽現執金剛神　以爲說法

25-25 무진의야 시관세음보살
無盡意　是觀世音菩薩
성취여시공덕하야 이종종형으 유
成就如是功德　以種種形　遊
제국토하야 도탈중생하나니라
諸國土　度脫衆生

25-26 시고로 여등이 응당일
是故　汝等　應當一
심으 공양관세음보살이니 시관세
心　供養觀世音菩薩　是觀世
음보살마하살이 어포외급난지
音菩薩摩訶薩　於怖畏急難之
중에 능시무외할새 시고로 차사바세
中　能施無畏　是故　此娑婆世
계개호지하야 위시무외자니라
界皆號之　爲施無畏者

25-27 무진의보살이 백불언하되
無盡意菩薩　白佛言

39

었습니다. "세존이시여, 제가 이제 관세음보살님께 공양하겠나이다." 하고 온갖 보배구슬과 영락으로 된 백 천 량의 금에 해당하는 목걸이를 끌러 바치고 이렇게 사뢰었습니다. "어지신 성현이시여, 저의 이 진주 보배와 영락의 법시를 받아 주옵소서." 그때에 관세음보살은 이것을 받지 않으시므로 무진의는 다시 관세음보살님께 사뢰었습니다. "어지신 성현이시여, 저희들을 불쌍히 여기사 이 영락을 받아 주옵소서."

세존^{이시}_여 아금_에 당공양 관세음
世尊　我今　當供養　觀世音
보살^{하리니}_{다하고} 즉해경중보주영락가
菩薩　　即解頸衆寶珠瓔珞價
치백천양금^하_야 이이여지^하_고 작시
值百千兩金　而以與之　作是
언^하_되 인자^시_여 수차법시 진보영
言　仁者　受此法施　珍寶瓔
락^{하소}_서 시_에 관세음보살_이 불긍수
珞　時　觀世音菩薩　不肯受
지^{시어}_늘 무진의부백관세음보살
之　無盡意復白觀世音菩薩
언^하_되 인자^시_여 민아등고_로 수차영
言　仁者　愍我等故　受此瓔
락^{이니}_라
珞

25-28 그때에 부처님께서 관세음보살에게 말씀하셨습니다. "이 무진의 보살과 四부 대중과 하늘·용·야차·건달바·아수라·가루라·긴나라·마후라가와 인비인 등의 대중을 불쌍히 여겨 이 영락을 받으라."

25-28 이시_에 불고관세음보
　　　爾時　佛告觀世音菩
살^{하시}_되 당민차무진의보살_과 급
薩　當愍此無盡意菩薩　及
사중 천룡 야차 건달바 아수
四衆　天龍　夜叉　乾闥婆　阿修
라 가루라 긴나라 마후라가
羅　迦樓羅　緊那羅　摩睺羅伽
인비인등고_로 수시영락^{이니}_라
人非人等故　受是瓔珞

25-29 그때에 관세음보살은 四부 대중과 하늘·용·인비인 등의 대중을 불쌍히 여기시고, 그 영락을 받아 두 몫으로 나누어 한 몫은 석가모니 부처님께 한 몫은 다보불탑에 바치었습니다.

25-29 즉시_에 관세음보살_이 민
　　　卽時　觀世音菩薩　愍
제사중_과 급어천룡 인비인등^하_야
諸四衆　及於天龍　人非人等
수기영락^하_야 분작이분^하_야 일분_은
受其瓔珞　分作二分　一分
봉석가모니불^하_고 일분_은 봉다보
奉釋迦牟尼佛　一分　奉多寶

25-30 그때 부처님께서 말씀하셨습니다. "무진의여! 관세음보살이 이와 같이 자재한 신통력으로 사바세계에 노니느니라."

25-31 그때 무진의보살이 게송으로 여쭈었습니다.

25-32

묘상구족 세존이여 제가거듭 묻자오니

불자어떤 인연으로 관음이라 하나이까

묘한상호 갖춘세존 무진의에 대답하사

시방세계 나타나는 관음의행 들어보라

25-33

큰서원은 바다같고 헤아릴수 없는겁에

천억부처 모시고서 청정한원 세웠노라

그대위해 설하노니 명호듣고 모습보며

마음으로 생각하면 모든고통 멸하리라

25-34

불탑하니라
佛塔

25-30 무진의야 관세음보살이
　　　　無盡意 觀世音菩薩

유여시자재신력하야 유어사바세
有如是自在神力　遊於娑婆世

계니라
界

25-31 이시에 무진의보살이 이
　　　　爾時 無盡意菩薩 以

게문왈
偈問曰

25-32

세존묘상구시여　아금중문피하나니
世尊妙相具　　　我今重問彼

불자하인연으로　명위관세음이
佛子何因緣　　　名爲觀世音

구족묘상존이　　게답무진의하사대
具足妙相尊　　　偈答無盡意

여청관음행이　　선응제방소하라
汝聽觀音行　　　善應諸方所

25-33

홍서심여해하야　역겁부사의하며
弘誓深如海　　　歷劫不思議

시다천억불하야　발대청정원이라
侍多千億佛　　　發大淸淨願

아위여략설하노니 문명급견신하야
我爲汝略說　　　聞名及見身

심념불공과하면　능멸제유고이니
心念不空過　　　能滅諸有苦

25-34

해하려고 불구덩에 밀어넣어 떨어져도	가사흥해의^{하야} 假使興害意	추락대화갱^{이라도} 推落大火坑
관음염불 공덕으로 불구덩이 연못되네	염피관음력^{으로} 念彼觀音力	화갱변성지^{하며} 火坑變成池
큰바다에 표류되어 용과고기 귀난만나	혹표류거해^{하야} 或漂流巨海	용어제귀난^{이라} 龍魚諸鬼難
관음염불 공덕으로 성난파도 못삼키리	염피관음력^{으로} 念彼觀音力	파랑불능몰^{하며} 波浪不能沒
수미산 봉우리에서 누가밀어 떨어져도	혹재수미봉^{하야} 或在須彌峯	위인소추타^{라도} 爲人所推墮
관음염불 공덕으로 해와같이 머무르며	염피관음력^{으로} 念彼觀音力	여일허공주^{하며} 如日虛空住
악인에게 쫓기어서 금강산에 떨어져도	혹피악인축^{하야} 或彼惡人逐	타락금강산^{이라도} 墮落金剛山
관음염불 공덕으로 털끝하나 안다치리	염피관음력^{으로} 念彼觀音力	불능손일모^{하며} 不能損一毛
원한품은 도적만나 칼끝으로 위협해도	혹치원적요^{하야} 或值怨賊遶	각집도가해^{라도} 各執刀加害
관음염불 공덕으로 자비마음 일으키네	염피관음력^{으로} 念彼觀音力	함즉기자심^{하며} 咸卽起慈心
나라법에 위반되어 형벌받아 명다해도	혹조왕난고^{하야} 或遭王難苦	임형욕수종^{이라} 臨刑欲壽終
관음염불 공덕으로 창과칼이 부서지리	염피관음력^{으로} 念彼觀音力	도심단단괴^{하며} 刀尋段段壞
감옥속에 고랑차고 손과발이 묶이어도	혹수금가쇄^{하야} 或因禁枷鎖	수족피추계^{라도} 手足被杻械
관음염불 공덕으로 풀려나서 해탈얻네	염피관음력^{으로} 念彼觀音力	석연득해탈^{하며} 釋然得解脫
누가나를 주문저주 독약으로 해할때도	주저제독약^{으로} 呪咀諸毒藥	소욕해신자^{라도} 所欲害身者
관음염불 공덕으로 본인에게 돌아가리	염피관음력^{으로} 念彼觀音力	환착어본인^{하며} 還着於本人
악한나찰 만나거나 독룡악귀 덤빌때도	혹우악나찰^과 或遇惡羅刹	독룡제귀등^{이라도} 毒龍諸鬼等

관음염불 공덕으로 해하지를 못하리라   염피관음력으로   시실불감해하며
                                                        念 彼 觀 音 力   時 悉 不 敢 害

나쁜짐승 둘러싸여 이와발톱 두려워도   약악수위요하야   이아조가포라도
                                                       若 惡 獸 圍 繞   利 牙 爪 可 怖

관음염불 공덕으로 정처없이 달아나네   염피관음력으로   질주무변방하며
                                                       念 彼 觀 音 力   疾 走 無 邊 方

여러가지 독사지네 불꽃같은 독뿜어도   원사급복갈과   기독연화연이라도
                                                       蚖 蛇 及 蝮 蠍   氣 毒 烟 火 然

관음염불 공덕으로 제스스로 흩어지리   염피관음력으로   심성자회거으로
                                                       念 彼 觀 音 力   尋 聲 自 廻 去

구름천둥 번개치고 비와우박 쏟아져도   운뢰고철전하고   강박주대우라도
                                                       雲 雷 鼓 掣 電   降 雹 澍 大 雨

관음염불 공덕으로 모두다곧 활짝개리   염피관음력으로   응시득소산하며
                                                       念 彼 觀 音 力   應 時 得 消 散

25-35   25-35

중생들이 곤액당해 온갖고통 받더라도   중생피곤액하야   무량고핍신이라도
                                                       衆 生 被 困 厄   無 量 苦 逼 身

관음묘한 지혜의힘 능히고통 구해주네   관음묘지력이   능구세간고라
                                                       觀 音 妙 智 力   能 救 世 間 苦

신통력을 다갖추고 지혜방편 널리닦아   구족신통력하며   광수지방편하야
                                                       具 足 神 通 力   廣 修 智 方 便

시방세계 모든곳에 그몸두루 나투시어   시방제국토에   무찰불현신이라
                                                       十 方 諸 國 土   無 刹 不 現 身

여러가지 악한중생 지옥아귀 축생들을   종종제악취와   지옥귀축생의
                                                       種 種 諸 惡 趣   地 獄 鬼 畜 生

생노병사 모든고통 점차모두 멸해주네   생노병사고를   이점실영멸하나니라
                                                       生 老 病 死 苦   以 漸 悉 令 滅

25-36   25-36

진리의관 청정한관 광대한   지혜의관   진관청정관과   광대지혜관과
                                                       眞 觀 淸 淨 觀   廣 大 智 慧 觀

비관자관 늘원하고 늘우러러 볼지니라   비관급자관을   상원상첨앙이니라
                                                       悲 觀 及 慈 觀   常 願 常 瞻 仰

때가없는 깨끗한빛 지혜의해 어둠없애 　무구청정광이며 혜일파제암이니
　　　　　　　　　　　　　　　　　無垢淸淨光　 慧日破諸暗

재앙풍화 항복받고 온세상을 비춰주네 　능복재풍화하며 보명조세간이라
　　　　　　　　　　　　　　　　　能伏災風火　 普明照世間

대비의몸 계율우뢰 자애의　구름으로 　비체계뇌진이요 자의묘대운이라
　　　　　　　　　　　　　　　　　悲體戒雷震　 慈意妙大雲

감로의　법비내려 번뇌불꽃 멸해주네 　주감로법우하야 멸제번뇌염이니
　　　　　　　　　　　　　　　　　澍甘露法雨　 滅除煩惱燄

송사하는 법정이나 두려움의 전장에서 　쟁송경관처와 포외군진중에
　　　　　　　　　　　　　　　　　諍訟經官處　 怖畏軍陣中

관음염불 공덕으로 원수원망 사라지네 　염피관음력으로 중원실퇴산하리라
　　　　　　　　　　　　　　　　　念彼觀音力　 衆怨悉退散

미묘음과 관세음과 범음과　해조음과 　묘음관세음과 범음해조음이
　　　　　　　　　　　　　　　　　妙音觀世音　 梵音海潮音

저세간을 넘어서는 승피세간음 　　　승피세간음이니
　　　　　　　　　　　　　　　　　勝彼世間音

모름지기 관음생각 생각생각 의심말라 　시고로 수상념하야 염념물생의니라
　　　　　　　　　　　　　　　　　是故　須常念　念念勿生疑

25-37　　　　　　　　　　　　　25-37
관음보살 청정성자 번뇌고통 생사액난 　관세음정성은 어고뇌사액에
　　　　　　　　　　　　　　　　　觀世音淨聖　 於苦惱死厄

능히믿고 의지하니 온갖공덕 모두갖춰 　능위작의호하며 구일체공덕하야
　　　　　　　　　　　　　　　　　能爲作依怙　 具一切功德

중생보는 자비의눈 복덕바다 한없으니 　자안시중생하며 복취해무량하니
　　　　　　　　　　　　　　　　　慈眼視衆生　 福聚海無量

그러므로 마땅히　예경하고 존중하라 　시고응정례니라
　　　　　　　　　　　　　　　　　是故應頂禮

25-38 그때에 지지보살이 자리에서 　25-38 이시에 지지보살이 즉종
일어나 부처님 앞에 나아가 합장하고 　　　　爾時　持地菩薩　卽從
사뢰었습니다. "세존이시여! 어떤 중 　좌기하야 전백불언하되 세존이시여 약유
생이 이 관세음보살보문품의 자재한 　座起　前白佛言　世尊　若有
업과 방편으로 두루 나투시는 신통력 　중생이 문시관세음보문품 자재
　　　　　　　　　　　　　　　　　衆生　聞是觀世音普門品　自在

을 듣는다면 이 사람은 그 공덕이 적지 않겠나이다."

25-39 부처님께서 이 '보문품'을 말씀하실 적에 대중 가운데 八만 四천 중생이 모두 '무등등아뇩다라삼먁삼보리'의 마음을 일으켰습니다.

지업과 보문시현하는 신통력자는 당
之業　普門示現　神通力者　當

지시인의 공덕불소니이다
知是人　功德不少

25-39 불설시보문품시에 중중에
　　　佛說是普門品時　衆中

팔만사천중생이 개발무등등 아
八萬四千衆生　皆發無等等 阿

뇩다라삼먁삼보리심하리라
耨多羅三藐三菩提心

45

천수천안관세음보살 광대원만무애대비심다라니경

(서분 ① 대비심 다라니경의 회상)

이와 같이 내가 들었습니다.

어느 때 석가모니 부처님께서 보배로 장엄된 보타낙가산의 관세음보살 궁전도량에서 보배사자좌에 앉아 계셨습니다.

그 자리는 온갖 종류의 무량한 마니보주로 장엄되었고, 그 주위에는 수백 가지 보배로운 당번이 걸려 두루 나부끼고 있었습니다.

그때 여래께서 그 사자좌 위에서 총지 다라니를 연설하시려 할 때, 한량없는 많은 보살마하살들이 그 자리에 함께 계셨는데, 그들의 이름은 총지왕보살 보왕보살 약왕보살 약상보살 관세음보살 대세지보살 화엄보살 대장엄보살 보장보살 덕장보살 금강장보살 허공장보살 미륵보살 보현보살 문수사리보살 등이셨으며, 이와 같은 보살마하살들은 모두 다 관정을 받은 대법왕자들이었습니다.

또 한량없이 많은 대성문스님들이 함께 계셨는데, 그분들은 모두 아라한과를 행하시는 분들이었으며, 십지에 오른 마하가섭존자가 가장 대표자격인 위치에 있었습니다.

또 한량없는 범마라천의 대중들이 함께 있었는데, 선타범마가 상수가 되며, 또 한량없는 욕계의 모든 천인들이 함께 있었는데 구파가천자가 상수가 되며, 또 세상을 보호하는 사천왕들이 한량없이 많이 와 있었는데 제두뢰타가 상수가 되며 그리고 또 한량없는 하늘 용 야차 건달바 아수라 가루라 긴나라 마후라가 인비인들이 함께 있었는데 천덕대용왕이 상수가 되며 또 한량없는 욕계의 모든 천녀들이 함께 하였는데 동목천녀가 상수가 되며, 또 무량한 허공신 강신 해신 천원신 하소신 약초신 수림신 사택신 수신 화신 지신 풍신 토신 산신 석신 궁전신 등이 모두 법회에 참석하였습니다.

(② 신통광명의 상서)

그때 관세음보살께서 대법회 대중 가운데서 은밀하게 신통을 나타내시자, 그 신통의 광명이 동서남북의 모든 국토인 삼천대천세계를 모두 금빛으로 바꾸었습니다.

천궁과 용궁과 그리고 존귀한 신궁들이 모두 다 한결 같이 진동하였으며, 그리고 강과 냇가와 큰 바다와 철위산과 수미산과 토산과 흑산이 또한 모두 다 진동하였으며, 해와 달 모든 별들의 빛은 가리워져 나타나지 못하였습니다.

그때 총지왕보살이 이러한 희유한 모습을 보고 일찍이 없었던 일이라 불가사의하게 여겨 곧 자리에서 일어나 두 손을 모아 합장하고 부처님께 이와 같은 신통한 현상이 누구로부터 놓아지는지 게송으로 여쭈었습니다.

누가오늘 정각이뤄
이와같은 대광명을 두루 비추나이까.
시방세계 모든국토 금빛으로 물이들고
삼천세계 역시또한 금빛이 되었으니
누가오늘 자재얻어 희유하게 대신력을
두루널리 펼치어 내나이까.
가이없는 불국토가 모두모두 진동하고
용과신의 궁전들이 모두 다 불안하게 흔들리니
지금여기 모든 대중들은 의혹하여
누가어떤 힘의 인연인지 측량하지 못하나니
불보살과 대성문들
범마천과 모든 불자들을 위하여서
세존이여 원하오니
대자비로 이와같은 신통력의 연유를 설해주소서.

부처님께서 총지왕보살에게 말씀하셨습니다.

선남자여! 너희들은 마땅히 알아야 하느니라. 여기 모여 있는 모든 대중 가운데에 한 보살마하살이 있으니, 그 이름은 관세음자재보살마하살이니라. 그 보살은 수 없는 세월을 거쳐 오면서 대자대비한 마음을 성취하고, 한량없는 다라니문을 능히 잘 수행하고, 이제는 모든 중생들에게 안락을 주고자, 은밀히 이와 같이 큰 신통의 위신력을 내는 것이니라.

(③ 정종분 다라니에 담긴 관세음의 본원)

부처님께서 이와 같이 말씀하시니, 그때에 관세음보살님이 자리에서 일어나 의복을 단정히 여미고 부처님을 향해 합장하고 사뢰었습니다.

세존이시여! 제가 가지고 있는 대비심다라니주를 지금 마땅히 설하고자 하옵니다. 이것은 모든 중생들이 안락을 얻게 하기 위함이며, 일체의 병고를 없애기 위함이며, 수명을 얻게 하기 위함이며, 부귀를 얻게 하기 위함이며, 일체의 악업과 중죄를 소멸해 주기 위함이며, 모든 장애와 어려움에서 벗어나게 하기 위함이며, 일체의 청정한 법과 모든 공덕을 증장시키기 위함이며, 일체의 모든 선근을 성취시키기 위함이며, 일체의 모든 두려움으로부터 멀리 벗어나게 하기 위함이며, 일체의 소원하는 바를 모두 속히 만족시키기 위함이옵니다. 원하오니 세존이시여! 자비로써 설하도록 허락해 주옵소서.

부처님께서 말씀하셨습니다.

선남자여! 그대는 대자비로써 중생들에게 평안과 즐거움을 주기 위하여 그 신주를 설하고자 하는구나. 지금이 바로 그때이니 속히 그것을 응당 설하도록 하라. 여래도 기뻐할 것이며, 시방의 모든 부처님도 또한 기뻐할 것이니라.

관세음보살께서 거듭 부처님께 사뢰었습니다.

세존이시여! 제가 과거를 생각하건대, 한량없는 세월 그 전에 천광왕정주여래라는 부처님이 세상에 나타나셨나이다. 그 세존께서는 저를 가련히 여기시고, 모든 중생들을 위하여서 이 광대원만무애대비심다라니를 설해 주셨으며, 금빛의 손으로 저의 이마를 어루만져 주시면서 이러한 말씀을 하셨나이다.

선남자여! 그대는 마땅히 이 대비심주를 받아 지니어서, 미래 악한 세상의 일체중생들에게 널리 전하여 큰 이익과 즐거움을 짓도록 하여라.

그때에 저는 겨우 성인의 자리가 시작되는 초지(41지위)에 머물러 있었는데 이 주문을 한 번 듣고는 단숨에 제8지(48지위)를 뛰어넘을 수 있게 되었나이다.

그때 저는 너무나 큰 기쁜 마음으로 곧 서원을 세웠나이다.

만약 제가 다음 세상에 일체의 모든 중생들에게 이익과 안락을 주는 일을 감당하려거든 저에게 즉시 천 개의 손과 천 개의 눈이 이 몸에 갖추어지게 하여 주옵소서.

이와 같은 발원을 하자, 곧 천 개의 손과 천 개의 눈이, 모두 구족되었으며, 시방의 대지가 여섯 종류로 진동하고, 시방의 일천 부처님께서 모두 다 광명을 놓아 저의 몸을 비추어 느끼게 하시고 또한 시방의 가없는 무량세계를 두루 비추셨나이다.

이러한 일 이후에 다시 무량한 부처님을 친견하고 수없이 많은 법회에서 거듭거듭 얻어듣고 이 다라니를 받아 지니게 되었는데, 그때마다 끝없이 기뻐하고 서원하기를 한량없이 하였고, 곧 수 억겁 동안 미세하게 나고 죽는 생사의 그물을 초월하게 되었나이다.

이러한 일 이후로 저는 항상 지송하여 부처님께서 위촉하신 말씀을 결코 잊은 적이 없었으며, 이 다라니주문을 수지 독송하는 공덕으로 말미암아 태어날 때마다 항상 부처님이 계시는 연꽃 위에 화생하였으며, 태의 몸을 받지 않았나이다.

만약 비구 비구니 우바새 우바이 동남 동녀가 이 주문을 지송하고자 한다면, 모든 중생에게 자비심을 일으켜야 하며, 먼저 마땅히 나를 따라 이와 같은 원을 일으켜야 하나이다.

  자비하신 관세음께 지심귀의 하옵나니
  나는 이세상의 온갖진리 속히알기 원하옵고
  자비하신 관세음께 지심귀의 하옵나니
  나는 부처님의 지혜눈을 속히얻기 원하오며
  자비하신 관세음께 지심귀의 하옵나니
  나는 한량없는 모든중생 제도하기 원하옵고
  자비하신 관세음께 지심귀의 하옵나니
  나는 팔만사천 좋은방편 속히얻기 원하오며
  자비하신 관세음께 지심귀의 하옵나니
  나는 도피안의 반야선에 속히타기 원하옵고
  자비하신 관세음께 지심귀의 하옵나니
  나는 생로병사 고해바다 건너가기 원하오며
  자비하신 관세음께 지심귀의 하옵나니
  나는 무명벗는 계정혜를 속히닦기 원하옵고
  자비하신 관세음께 지심귀의 하옵나니
  나는 고뇌없는 열반산에 속히가기 원하오며

자비하신 관세음께 지심귀의 하옵나니
나는 하염없는 진리의집 속히가기 원하옵고
자비하신 관세음께 지심귀의 하옵나니
나는 절대진리 법성신과 속히같기 원합니다

칼산지옥 제가가면 칼산절로 무너지고
끓는지옥 제가가면 끓는지옥 말라지고
모든지옥 제가가면 지옥절로 없어지고
아귀세계 제가가면 아귀절로 배부르고
수라세계 제가가면 악한마음 사라지고
축생세계 제가가면 지혜절로 생겨지다

  이와 같은 발원을 마치고 간절한 마음으로 저의 이름을 부르거나 생각하며, 또한 저의 본사이신 아미타불을 오로지 일념으로 생각하여야 하나이다.
  그렇게 한 이후에 응당히 이 다라니를 독송하되, 만약 하룻밤에 다섯 번을 채우면 중생의 몸 가운데 백천만억겁의 생사의 무거운 죄가 멸하여 없어지게 되나이다.
  관세음보살이 다시 부처님께 사뢰었습니다.

세존이시여! 만약 모든 천상계와 인간계의 중생 그 어떠한 이라도, 이 대비주다라니를 지송한다면 목숨이 다하게 될 때 시방의 모든 부처님께서 친히 오셔서 손을 잡아 이끌어 어느 불국토에 나기를 원하든지 그 원에 따라 모두 왕생하게 될 것이옵니다.

다시 부처님께 사뢰었습니다.

세존이시여! 만약 어떤 중생이든 이 대비신주를 지송하는 자가 삼악도에 떨어진다면, 저는 맹세코 정각을 이루지 않겠나이다.

또 대비신주를 지송하는 자가 만약 불국토에 태어나지 못한다면, 저는 맹세코 정각을 이루지 않겠나이다.

또 대비신주를 지송하는 자가 만약 무량한 변재의 삼매를 얻지 못한다면, 저는 맹세코 정각을 이루지 않겠나이다.

또 대비신주를 지송하는 자가 만약 현재의 생애 가운데 모든 구하는 것의 결과가 나타나지 않는다면, 이 다라니를 대비심다라니라고 할 수 없을 것이옵니다. 다만 착하지 않은 마음을 가지고 지극 정성으로 독송하지 않은 자는 제외되나이다.

또 만약 모든 여인이 여인의 몸을 받은 것을 싫어하고 미워해서 남자의 몸을 얻기 위하여 이 대자대비다라니를 지송하고도 여자의 몸을 바꾸어 남자의 몸을 이루지 못한다면, 저는 맹세코 정각을 이루지 않겠나이다. 다만 누구든 작은 의심이라도 품는 자는 반드시 그 뜻을 이루지 못 할 것이옵니다.

만약 삼보의 음식과 재물을 침해하고 손해를 주는 중생은, 일천 부처님이 세상에 출현하셔서도 참회가 통하지 않을 것이며, 설사 또 참회를 한다 해도 멸하여 없애지 못할 것이나, 지금 이 대비신주를 독송하면 곧 소멸하여 없어지게 될 것이옵니다.

만약 삼보의 음식이나 재물을 함부로 침범 손상하면, 시방의 스승 앞에서 참회 사죄하여야 비로소 멸하여 없어지는데, 지금 대비신주를 독송하게 되면 시방의 스승이 즉시 오시어 증명하여 주시므로 일체 죄의 업장을 모두 소멸할 수 있나이다.

모든 십악 오역죄를 저지르고 사람을 비방하고 재를 짓지 않고 계를 파하며, 탑을 깨고 절을 허물고, 스님들의 시주를 훔치고, 청정한 범행을 더럽히는 등 이와 같은 일체 악업중죄도 모두 소멸할 수 있나이다.

그러나 오직 한 가지 제외되는 일은, 대비심주에 의심 하는 자로서 비록 작은 죄나 가벼운 업일지라도 소멸할 수 없을 것이온데 하물며 무거운 죄이겠나이까. 그렇게 중죄가 소멸되지 않으므로 깨달음의 인연으로부터 더욱더 멀어지게 될 것이옵니다.

다시 또 부처님께 사뢰었습니다.

세존이시여! 만약 모든 천상계와 인간계의 중생 그 어떠한 이라도 이 대비주다라니를 지송한다면, 이 세상에서 열다섯 가지의 좋은 삶을 얻고, 열다섯 가지의 악한 죽음을 받지 않을 것이옵니다.

그 악한 죽음이라는 것은 다음과 같나이다.

첫 번째, 굶주림의 곤란으로 고통스럽게 죽지 않으며,

두 번째, 결박되고 옥에 갇혀 형벌로 죽지 않으며,

세 번째, 원한 품은 사람으로부터 되갚음을 받아 죽지 않으며,

네 번째, 전쟁터에서 싸움으로 인하여 죽지 않으며,

다섯 번째, 무서운 짐승들에 의해서 갈기갈기 찢기어서 죽지 않으며,

여섯 번째, 독이 있는 뱀 전갈 지네 등에 물려 죽지 않으며,

일곱 번째, 수재 화재로 휩쓸리거나 타서 죽지 않으며,

여덟 번째, 독약으로 인하여 죽지 않으며,

아홉 번째, 독충의 피해로 인하여 죽지 않으며,

열 번째, 미치거나 졸도하거나 심장마비로 죽지 않으며,

열한 번째, 산이나 나무 절벽 등에서 낙상하여 죽지 않으며,

열두 번째, 악인이나 도깨비 등에 홀려서 죽지 않으며,

열세 번째, 삿된 신이나 악한 요귀에 의해서 죽지 않으며,

열네 번째, 나쁜 질병이나 전염병으로 죽지 않으며,

열다섯 번째, 분함과 슬픔으로 스스로 목숨을 끊어 자살로 죽지 않는 것이옵니다.

대비신주를 지송하는 이는 이와 같이 열다섯 가지의 악한 죽음을 결코 당하지 않게 되나이다.

또 열다섯 가지의 좋은 삶을 얻는 일은 다음과 같나이다.

첫 번째, 태어나는 곳마다 항상 어진 국왕을 만나게 되고,

두 번째, 항상 좋은 나라에 태어나게 되고,

세 번째, 항상 좋은 시절을 만나게 되고,

네 번째, 항상 착한 친구를 사귀게 되고,

다섯 번째, 항상 몸과 마음 육근이 건강하고,

여섯 번째, 도를 구하는 마음이 순수하고 굳고 변함없고,

일곱 번째, 계율을 범하고 파하지 않고,

여덟 번째, 가족들이 서로 의롭고 은혜롭고 순하고 화합하게 되고,

아홉 번째, 재물과 음식이 항상 풍족하게 갖추어져 있고,

열 번째, 항상 다른 사람에게 공경 받고 도움을 받게 되고,

열한 번째, 소유한 재보를 남에게 겁탈당하지 않게 되고,

열두 번째, 바라고 구하는 것을 모두 뜻대로 이루게 되고,

열세 번째, 용 하늘 선신들이 항상 보호하며 호위하고,

열네 번째, 태어나는 곳마다 부처님을 뵙고 법문을 얻어 듣게 되고,

열다섯 번째, 부처님께 들은 정법의 깊고 심오한 뜻을 잘 깨우치게 되는 것이옵니다.

만약 대비심다라니를 지송하는 자가 있다면 이와 같이 열다섯 가지의 좋은 삶을 얻게 되나이다.

그러므로 일체의 모든 천인들은 마땅히 이 대비심다라니를 항상 수지독송하여 게으른 마음을 일으키지 말아야 하나이다.

(④ 신묘장구대다라니를 설함)

관세음보살께서는 이와 같이 말씀하시고는 대중 앞에 몸을 바르게 하여 합장하시고 일체 모든 중생들에게 큰 자비심을 일으키어 밝은 얼굴에 미소를 지으시며, 바로 광대원만무애대비심다라니를 설하셨습니다.

신묘장구대다라니 왈

나모라 다나다라 야야 나막알약 바로기제 새바라야 모지사 다바야 마하사다바야 마하가로 니가야 옴 살바 바예수 다라나 가라야 다사명 나막 가리다바 이맘알야 바로기제 새바라 다바 니타간타 나막 하리나야 마발다 이사미 살바타 사다남 수반 아예염 살바보다남 바바말아 미수다감 다냐타 옴 아로계 아로 가 마지로가 지가란제 혜혜하례 마하모지 사다바 사마라 사마 라 하리나야 구로구로 갈마 사다야 사다야 도로도로 미연제 마하 미연제 다라다라 다린나례 새바라 자라자라 마라 미마라 아마라 몰제 예혜혜 로계 새바라 라아미사미 나사야 나베 사 미사미 나사야 모하자라 미사미 나사야 호로호로 마라호로 하 례 바나마 나마 사라사라 시리시리 소로소로 못쟈못쟈 모다야 모다야 매다리야 니라간타 가마사 날사남 바라 하리나야 마낙 사다야 싣다야 사바하 마하 싣다야 사바하 싣다유예 새바라야 사바하 니라간타야 사바하 바라하 목카싱하 목카야 사바하 바 나마 하따야 사바하 자가라 욕다야 사바하 상카섭나녜 모다나 야 사바하 마하라 구타다라야 사바하 바마사간타 니사시체다 가릿나 이나야 사바하 먀가라 잘마이바 사나야 사바하 **나모라 다나다라 야야 나막알야 바로기제 새바라야 사바하** (3)

59

(⑤ 다라니의 참모습과 대중의 옹호)

관세음보살께서 이 주문을 설하여 마치시니 대지가 여섯 종류로 진동하고, 또 하늘에서는 보배로운 꽃이 비 오듯 흩어져 뿌려졌습니다.

시방의 모든 부처님께서 모두 다 크게 기뻐하셨으며, 천마 외도들은 모두 몸서리치며 공포에 떨었습니다.

그리고 모여 있던 일체대중들은 모두 다 분수에 따라 도과를 얻었는데, 어떤 이는 수다원과를, 또 어떤 이는 사다함과를, 또 어떤 이는 아나함과를, 또 어떤 이는 아라한과를 얻었습니다. 또 1지 2지 3지 4지 5지 내지 십지를 얻은 자도 있으며, 그 외에 한량없는 중생들이 보리심을 일으키었습니다.

그때, 대범천왕이 자리에서 일어나 의복을 단정히 하고 합장 공경하면서 관세음보살님께 아뢰었습니다.

정말 장하십니다. 보살님이여! 제가 옛날부터 한량없는 부처님을 친견해 오고, 또 그 법회 때마다 빠짐없이 참석해 오면서, 온갖 종류의 법과 여러 가지의 다라니를 들어 왔으나, 이와 같은 걸림 없는 대자대비한 마음의 대비다라니인 신묘장구는 일찍이 들어보지를 못하였습니다.

보살님이여! 저희들을 위하여 이 다라니의 바탕과 모습을 말씀하여 주옵소서. 저희 대중들은 지극한 마음으로 즐거이 듣기를 원하옵니다.

관세음보살님이 대범천왕에게 말씀하셨습니다.

그대는 중생들의 이익을 위한 방편으로 이와 같은 질문을 하는구나. 그대는 이제 자세히 들으시오. 내가 그대들을 위하여 간략하게 설하리라.

관세음보살님이 말씀하셨습니다.

대자대비한 마음이란 바로 평등심이며, 또 무위심이며, 무염착심이며, 공관심이며, 공경심이며, 비하심이며, 무잡란심이며, 무견취심이며, 또 무상보리심을 말하는 것이니라.

그대는 마땅히 알아야 하느니라.

이와 같은 마음이 곧 다라니의 바탕과 모습이라는 것을 알아야 하며, 그대들은 이에 의거하여 수행하도록 하라.

대범천왕이 아뢰었습니다.

저희 대중들은 비로소 이 다라니의 바탕과 모습을 알았습니다. 이제부터 받아 지녀 잊어버리지 않도록 하겠습니다.

관세음보살님이 말씀하셨습니다.

만약 선남자 선여인이 이 신주를 수지 독송하려고 하면 반드시 광대한 보리심을 일으키고, 맹세코 일체중생을 제도하겠다는 서원을 세워야 하느니라.

몸은 계율을 지키고, 모든 중생들에게 평등심을 일으키며, 항상 이 주문을 독송하되 끊임없이 하여야 하며, 깨끗한 집에 머물며, 청정하게 목욕하고, 깨끗한 의복을 입고, 번과 등을 달고, 향 꽃 여러 가지 음식으로 공양 올리며, 마음을 한 곳에 모아 다른 반연이 일어나지 않도록 해야 하느니라.

이와 같이 법답게 수지 독송하면, 그때에 일광보살과 월광보살이 무량한 신선들과 함께 와서 증명하여 소원을 성취하도록 효험을 더할 것이니라.

내가 그때 천 개의 눈으로 비춰 볼 것이며, 또 천 개의 손으로 보호해 지켜줄 것이며, 가는 곳마다 모든 세상의 경서들을 모두 받아 가지게 할 것이니, 일체 외도의 법술과 베다, 또 모든 서적들의 뜻도 능히 통달하게 할 것이니라.

이 신주를 수지 독송하는 자는 세상에 팔만사천 가지 병을 모두 다스려 낫게 할 수 있으며, 또한 능히 일체 귀신을 자유롭게 부릴 수 있으며, 또 하늘의 모든 마구니들에게 항복 받고, 모든 외도들을 마음대로 제압할 수 있느니라.

그리고 만약 산이나 들에서 경전을 읽고 좌선을 할 때, 산의 요괴나 매 망 량 등 잡귀들이 괴롭혀 마음이 안정되지 않는 자는 이 신주를 일편 독송하여라. 그리하면 모든 귀신들이 다 묶여 가두어 질 것이니라.

　만약 능히 법답게 수지 독송하여 모든 중생들에게 자비심을 일으키는 자에게는, 내가 그때 일체의 선신 용왕 금강밀적에게 명령하여, 항상 그를 따르고 보호하며, 그의 곁을 떠나지 않게 할 것이며, 마치 자신의 눈동자를 보호하듯, 자신의 목숨을 보호하듯 하게 할 것이니라.

　그리고는 게송으로 명령하여 설하셨습니다.

　나는 보내리니
　밀적금강사 오추 군다 앙구시 팔부역사 상가리를,
　항상 수지 독송 자를 옹호하라.
　나는 보내리니
　마혜 나라연 금강라타 가비라를
　항상 수지 독송 자를 옹호하라.
　나는 보내리니
　바삽 사루라 만선 차발 진타라를
　항상 수지 독송 자를 옹호하라.
　나는 보내리니

살차 마하라 구라단타 반기라를
항상 수지 독송 자를 옹호하라.
나는 보내리니
필바 가라왕 응덕 비다살화라를
항상 수지 독송 자를 옹호하라.
나는 보내리니
범마 삼발라 오부정거 염마라를
항상 수지 독송 자를 옹호하라.
나는 보내리니
제석천왕 삼십삼천왕 대변공덕 바단나를
항상 수지 독송 자를 옹호하라.
나는 보내리니
제두 뢰타왕 신모녀 등 대력무리를
항상 수지 독송 자를 옹호하라.
나는 보내리니
비루륵차왕 비루박차 비사문을
항상 수지 독송 자를 옹호하라.
나는 보내리니
금색 공작왕 28부대선 무리들을

항상 수지 독송 자를 옹호하라.
나는 보내리니
마니 발라타 산지대장 불라바를
항상 수지 독송 자를 옹호하라.
나는 보내리니
난타 발란타 바가라 용 이발라를
항상 수지 독송 자를 옹호하라.
나는 보내리니
아수라 건달바 가루라 긴나라 마후라가를
항상 수지 독송 자를 옹호하라.
나는 보내리니
물 불 천둥 번개의 신 구반다왕 비사사를
항상 수지 독송 자를 옹호하라.

대범천왕이여! 이 모든 선신과 신중과 용왕과 신모녀 등은 각각의 오백권속들과 대력야차들이 대비신주를 수지 독송하는 이를 항상 따르고 보호하며, 그 사람이 만약 인적이 드문 산이나 넓은 들에서 외로이 잠들어도 이 모든 선신들이 교대로 지새우며 보호하여, 일체의 재앙과 마장을 물리쳐 없애줄 것이니라.

또 만약 깊은 산에서 길을 잃고 헤맬 때 이 주문을 독송하는 까닭에 선신과 용왕이 선한 사람의 모습으로 나타나 바른 길로 인도하여 줄 것이며, 또 만약 숲 속이나 들에서 물이나 불이 부족하여 극심한 고통을 받게 되더라도, 용왕이 그들을 보호하는 까닭에 물과 불을 쉽게 만나게 될 것이니라.

관세음보살님이 다시 이 신주를 수지 독송하는 이들을 위하여, 모든 재앙과 화근을 소멸하는 청량의 게송을 설해 주셨습니다.

만약 광야와 산과 못을 지나다가 범 이리 등 귀신을 만나더라도, 이 주문 독송을 들으면 해치지 못하리라.

만약 강이나 호수 바다 지나면서 독룡 교룡 마갈수와 야차 나찰 물고기 큰자라 악어 등을 만나더라도, 이 신주 독송 소리를 들으면 스스로 숨어 버릴 것이리라.

만약 전쟁터에서 적에게 포위되거나, 혹은 악인에게 재물 보배를 빼앗기게 되었더라도, 지성으로 대비주를 독송하면 저들이 자비심을 내고 돌아갈 것이니라.

만약 왕이나 대신들에 의해 수갑 차고 옥에 갇힐지라도, 지성으로 대비주를 독송하면 관에서 스스로 은혜 내려 다시 풀

려날 것이니라.

 만약 광야를 지나다가 사악한 집에 들게 되어 독이 들어 있는 음식에 해를 받게 되어도, 지성으로 대비주를 독송하면 그 독약이 변하여 감로수가 될 것이니라.

 만약 여인이 아이를 출산할 때 삿된 마군이 장애 놓아 고난을 받더라도, 지성으로 대비주를 독송하면 귀신은 물러가고 순산하게 될 것이니라.

 만약 악룡과 역귀들이 독기를 품어 열병이 침범하여 죽게 되었어도 지심으로 대비주를 독송하면 역병은 소멸하고 목숨은 장수할 것이니라.

 만약 용과 귀신이 온갖 독종을 퍼뜨려서 악창 피고름에 고통이 심하더라도 지심으로 대비주를 독송하며 침을 세 번 뱉으면 독한 종기 입 밖으로 소멸할 것이니라.

 만약 중생이 탁하고 악해 나쁜 마음을 일으키고 저주로써 호리고 미워하며 원수 맺어도, 지심으로 대비주를 독송하면 호린 귀신이 도리어 본인에게 가서 붙을 것이니라.

 만약 법이 멸하는 때에 악이 생하게 되니 혼미하고 어지럽고, 음욕의 불 치성하며 마음은 헤매고 전도되어 부부 서로 등져 간음과 탐욕으로 더럽히며 밤낮으로 삿된 생각 끊임없을 때, 대비주를 지성으로 독송한다면 음욕의 불 소멸되고 사음이 제거될 것이니라.

내가 만약 대비주의 공덕의 위신력을 찬탄하려면 일겁을 찬탄해도 다 할 수 없느니라.

(⑥ 다라니를 외우는 공덕)

그때 관세음보살이 범천왕에게 말씀하셨습니다.

이 대비주 다섯 편을 독송하고, 오색의 실로써 독송한 것만큼 매듭을 지어 나아가는데 스물한 편을 독송하여 스물한 개의 매듭을 지어 목에 걸어야 하느니라.

이 다라니는 과거 99억 항하사 모든 부처님께서 설하신 것이며, 저 모든 부처님들께서 모든 수행하는 이로 하여금 육바라밀 수행이 만족스럽지 못한 이는 속히 만족하게 하려는 까닭이며, 보리심을 발하지 못한 이는 속히 발심하게 하려는 까닭이며, 또 성문의 사람으로서 아직 도과를 증득하지 못한 이는 속히 증득하게 하려는 까닭이니라.

또 삼천대천세계 안에 무상 보리심을 발하지 못한 신과 선인들이 속히 발심하게 하려는 까닭이니라.

또 대승의 신심과 근기를 얻지 못한 중생들로 하여금 이 다라니의 위신력으로 그 대승의 종자라는 법의 싹을 증장하게 하려는 까닭이니라.

이는 나의 방편인 자비의 위신력인 까닭에 그 바라는 바에 따라 모두 성취함을 얻을 수 있는 것이니라.

삼천대천세계의 깊고 어두우며 은밀한 곳의 삼악도 중생들도 나의 이 대비주를 들으면 괴로움을 여의게 되며, 모든 보살에 있어 아직 초지에도 오르지 못한 이는 속히 오르게 되며, 또는 10주지까지 얻게 되고 또한 불지에도 이르게 되리니, 자연히 32상과 80종호를 성취하게 되느니라.

또 성문의 사람이 이 다라니경 하나만을 들어 아는 자이거나, 이 다라니를 베껴 쓰며 수행하는 자이거나, 곧고 바른 마음으로 법답게 머무르는 자는 4사문과를 구하지 아니하여도 저절로 얻을 것이니라.

또 삼천대천세계 안에 있는 산과 강 석벽과 4대해의 물이 능히 끓어오르고, 수미산과 철위산이 요동하고 또 그것이 티끌처럼 부수어져 가루가 되어도, 그 가운데 중생이 이 다라니 주문을 수지 독송하게 되면, 모두 다 위없는 깨달음의 마음을 일으키게 되느니라.

또 만약 모든 중생이 현세에 구원하는 것이 있다면 삼칠일

동안 청정한 계율을 지키며, 이 다라니를 독송하면 반드시 그 소원하는 바를 이룰 것이니라. 생사가 시작된 때로부터 생사의 끝에 이르기까지의 모든 일체의 악업을 멸하게 될 것이며, 삼천대천세계 안의 일체 모든 부처님과 보살마하살 범천 제석천 사천왕 신선 용왕 등이 모두 다 증명할 것이니라.

만약 모든 인간과 천인들이 이 다라니를 수지하면 그들이 강이나 호수 또는 큰 바다 가운데서 목욕을 할 때 그 안에 있던 중생들에게 이 사람의 씻은 물이 그 몸에 닿기만 하여도 일체의 악업 중죄가 모두 소멸되고 곧 생을 마치어 타방의 정토 연꽃에서 화생하여 다시는 태의 몸이나 습생 난생의 몸을 받지 아니할 터인데, 하물며 이 다라니를 수지 독송하는 자이겠느냐.

만약 이 다라니를 수지 독송하는 이가 길을 갈 때에, 큰 바람이 불어와 이 사람의 몸과 머리카락과 의복을 휘날려 스쳐간 바람이, 모든 중생들에게 지나가며 닿기만 하여도 일체의 중죄와 악업이 모두 소멸되어 없어지게 되느니라.

그러므로 삼악도의 과보를 받지 아니하며, 항상 날 때마다 부처님 계시는 세계에 태어나게 될 것이니라.

마땅히 알아야 하느니라.

이 다라니를 수지 독송하는 이의 복덕 과보는 가히 생각으로 헤아릴 수 없느니라.

이 다라니를 수지 독송하는 이가 입으로 내는 말과 소리가 선한 것이든 혹은 악한 것이든 일체의 천마 외도 하늘 용 귀신 등이 들을 때는 이것이 청정한 법음으로 되리니, 모두 그 사람에게 공경심을 일으키고 부처님을 대하듯 존중해야 할 것이니라.

이 다라니를 가지고 독송하는 이는 그 사람이 곧 바로 부처의 몸을 감춘 창고라는 것을 마땅히 알아야 하며, 그것은 구십구억의 모든 부처님께서 그 사람을 사랑하고 아끼기 때문이니라. (불신장)

이 다라니를 가지고 독송하는 이는 그 사람은 광명의 몸이라는 것을 마땅히 알아야 하며, 그것은 일체의 모든 여래께서 광명을 비추어 주시기 때문이니라. (광명신)

이 다라니를 가지고 독송하는 이는 그 사람은 바로 자비를 감춘 창고라는 것을 마땅히 알아야 하며, 그것은 항상 다라니로 중생들을 구제하기 때문이니라. (자비장)

이 다라니를 가지고 독송하는 이는 그 사람은 바로 미묘한 법을 감춘 창고라는 것을 마땅히 알아야 하며, 그것은 널리 일체의 모든 다라니 문들을 포함하고 있기 때문이니라. (묘법장)

이 다라니를 가지고 독송하는 이는 그 사람은 바로 선정을 감춘 창고라는 것을 마땅히 알아야 하며, 그것은 백천의 삼매를 항상 나타내고 있기 때문이니라. (선정장)

이 다라니를 가지고 독송하는 이는, 그 사람은 바로 허공을 감춘 창고라는 것을 마땅히 알아야 하며, 그것은 항상 공의 지혜로 중생들을 관조하기 때문이니라. (허공장)

이 다라니를 가지고 독송하는 이는 그 사람은 바로 두려움이 없는 창고라는 것을 마땅히 알아야 하며, 그것은 용과 하늘 선신들까지도 항상 그 사람을 보호하고 지켜주기 때문이니라. (무외장)

이 다라니를 가지고 독송하는 이는 그 사람은 바로 오묘한 법어를 감춘 창고라는 것을 마땅히 알아야 하느니라. 왜냐하면 다라니를 독송하는 소리가 입에서 끊어지지 않기 때문이니라. (묘어장)

이 다라니를 가지고 독송하는 이는 그 사람은 바로 영원히 존재하는 창고라는 것을 마땅히 알아야 하며, 그것은 삼재와 사악함이 능히 그 사람을 무너뜨리지 못하기 때문이니라. (상주장)

이 다라니를 가지고 독송하는 이는 그 사람은 바로 해탈을 감춘 창고라는 것을 마땅히 알아야 하며, 그것은 하늘의 마구니와 외도의 논란이 그 사람의 머리에 능히 머무를 수가 없기 때문이니라. (해탈장)

이 다라니를 가지고 독송하는 이는 그 사람이 바로 온갖 의약을 관장하는 약왕이라는 것을 마땅히 알아야 하며, 그것은 항상 중생들의 병을 치료해 주기 때문이니라. (약왕장)

이 다라니를 가지고 독송하는 이는 그 사람은 바로 신통을 감추고 있는 창고라는 것을 마땅히 알아야 하느니라. 왜냐하면 모든 불국토에 다니며 자재함을 얻었기 때문이니라.

이 다라니를 독송하는 이의 공덕은 아무리 찬탄하여도 다할 수가 없느니라.

선남자여! 만약 어떤 사람이 세간의 고통을 싫어하여 장생의 즐거움을 구하거나, 고요한 곳을 청정하게 결계하거나, 옷을 입거나, 물이나 음식을 먹거나, 향을 사루거나 약을 먹을 때, 대비주 108편을 독송하면 반드시 장수함을 얻을 것이니라.

만약 능히 법답게 결계하고 법을 의지하고 수지하면 일체 소원을 다 성취하게 될 것이니라.

그 결계하는 법은 칼을 잡고 대비주를 스물한 편 독송하며 땅을 그어 경계를 삼거나, 혹은 깨끗한 물을 가지고 이 대비주를 스물한 편 독송하며 사방으로 그 물을 흩뿌려 경계를 삼거나, 또는 흰 겨자씨를 가지고 이 대비주 스물한 편을 외우고 난 뒤에 사방으로 그 씨를 던져 이르는 곳을 경계로 삼거나, 혹은 생각이 이르는 곳을 경계로 삼거나, 혹은 깨끗한 재로써 이 대비주 스물한 편을 독송하며 경계를 삼거나, 혹은 오색실을 가지고 이 대비주 스물한 편을 독송하며 사방으로 둘러싸서 경계를 삼기도 하나니, 그 원하는 바를 모두 다 성취하게 될 것이니라. 만약 능히 여법하게 수지하면 자연히 결과가 분명하게 될 것이니라.

　만약 이 다라니의 이름만 들어도 무량한 겁의 나고 죽는 중죄가 소멸되거늘, 하물며 수지 독송하는 사이겠느냐!

　이 신주를 수지 독송하는 이는, 그 사람이 일찍이 헤아릴 수 없이 많은 모든 부처님께 공양하고 널리 선근을 심은 이라는 것을 마땅히 알아야 하느니라.

　만약 모든 중생들을 그 고뇌와 재난에서 구해내고자 법답게 수지 독송하는 이는, 그 사람이 곧 자비를 갖춘 자요, 오래지 않아 성불할 이라는 것을 마땅히 알아야 하느니라.

　보이는 중생 모두를 위해 독송하며, 저들의 귀로 듣게 하여, 보리의 인연을 짓게 하니, 이 사람의 무량무변한 공덕을 아무리 찬탄하여도 다 할 수가 없느니라.

　만약 온갖 정성을 다하여 몸과 마음으로 재계를 지녀서 일체중생의 지은 업을 참회하며, 또한 스스로 무량겁을 지내 오면서 지은 갖가지 죄업을 참회하며, 입으로 빠르게 외우며 독송 소리가 끊임이 없다면 4사문과는 현생에서 곧 증득할 것이니라.

　그 근기가 날카롭고 지혜롭게 방편을 관하는 이는 십지 과위를 어려움 없이 얻게 되거늘, 하물며 세간의 소소한 복이겠느냐! 구하고 원하는 것을 이루지 못함이 없느니라. 그것은 보살의 대자비의 원력이 깊고 중하기 때문이며, 또한 이 다라니주문의 위신력이 끝없이 넓고 크기 때문이니라.

　그때 부처님께서 아난에게 말씀하셨습니다.

　만약 나라에 재난이 일어날 때, 그 국토의 국왕은 올바른 법으로 나라를 다스리되 사람들을 너그럽게 대하여 억울하게 죄받는 중생이 없게 하며, 모든 잘못을 용서하여 주고 7일7야(일주일)를 몸과 마음을 다하여, 이와 같은 대비심다라니주를 수지 독송하면 그 나라 안에서 일어나는 일체의 재앙과 혼란이 모두 다 소멸되어 없어지게 되고 오곡이 풍성하여 만백성이 안락하게 되느니라.

또 만약 다른 나라 원적들이 자주 침략해 와서 백성들이 불안해하거나, 대신들이 배반을 도모하거나, 또는 전염병이 유행하고, 홍수와 가뭄이 계속되거나, 해와 달이 절기를 잃고 괴이한 징조를 나타내거나, 이와 같은 온갖 재난이 일어날 때, 천안대비심상을 조성하여 얼굴을 서쪽으로 향하도록 하고 온갖 종류의 향과 꽃과 당번 보개 혹은 백가지 음식을 지극한 마음으로 공양하여야 할 것이니라.

그 왕은 또한 7일7야를 몸과 마음 다해 정진하며 이와 같은 다라니신묘장구를 수지 독송하면 다른 나라 원적들은 스스로 곧 항복하고 물러가 나라를 다스림에 근심과 고뇌가 없을 것이며, 자비로운 마음으로 화합하여 서로 통하고, 왕자와 백관들이 모두 충성하고 황후와 궁녀들은 왕을 대함에 공경하며, 모든 용 귀신들이 그 나라를 옹호하리니, 때맞추어 비를 내리고 윤택하게 하여 과실은 풍요롭고 백성들은 환희하며 즐거울 것이니라.

또 만약 가정에 우연히 큰 악병과 백 가지 괴이한 일들이 다투어 일어나고 귀신 사마가 그 집안을 어지럽히거나, 악한 사람이 모해하고자 욕하고 시비하거나, 가정의 대소 내외가 화목하지 못할 때, 천안대비상 앞에 단을 설치하고 지극한 마음으로 관세음보살을 염하고 이 다라니 천편을 수지 독송하게 되면, 위와 같은 사악한 일들이 모두 다 소멸되어 영원히 안락을 얻게 되느니라.

(⑦ **다라니경의 이름**)

아난이 부처님께 여쭈었습니다.

세존이시여! 이 주문의 이름을 무엇이라 부르오며, 어떻게 받아 지녀야 하오리까.

부처님께서 아난에게 말씀하셨습니다.

이와 같은 주문에는 여러 가지의 이름이 있느니라.

일명은 넓고 크고 원만하다는 뜻에서 광대원만이라고 하고, 일명은 어떤 것에도 걸림이 없이 언제나 큰 자비를 내린다는 뜻에서 무애대비라고도 하며, 일명은 고통 받는 중생들을 구제하는 진언이란 뜻으로 구고다라니라고도 하며, 일명은 중생들의 생명을 더욱더 오래 살게 하는 진언이란 뜻으로 연수다라니라고도 하고, 일명은 악한 세상인 지옥과 아귀와 축생의 세계를 모두 다 소멸시키는 주문이란 뜻으로 멸악취다라니고도 하며, 일명은 악한 업장을 깨뜨리는 주문이라는 뜻으로 그 이름을 파악업장다라니라고도 하며, 일명은 소원하는 바를 모두 다 성취시켜주는 주문이라는 뜻으로 만원다라니라고도 하며, 일명은 마음을 따라 자유자재하게 한다는 주문으로 수심자재다라니라고도 하며, 일명은 속히 부처님의 세계에 가 태어나도록 만든 주문이라는 뜻으로 속초상지다라니라고도 하니, 이와 같이 받아 지녀야 하느니라.

아난이 부처님께 여쭈었습니다.

세존이시여! 이 보살마하살의 이름은 무엇이온데, 이와 같은 상서로운 다라니를 능히 잘 베풀어 설하는 것이옵니까?

부처님께서 말씀하셨습니다.

그 보살의 이름은 관세음자재이며, 또한 연삭이라고도 하며, 또 천광안이라 하느니라. 선남자여! 이 관세음보살은 불가사의한 위신력으로써, 과거 한량없는 겁중에 이미 성불을 하여 호를 정법명여래라 하느니라.

그러나 대자비의 원력으로, 일체의 보살들을 모두 부처의 세계로 들어가게 하고, 모든 중생들에게는 안락을 이루게 하기 위하여 보살의 몸으로 현재 중생세계에 나타나게 된 것이니라.

그러므로 그대와 모든 대중들 보살마하살들과 범천왕들과 제석천왕들과 용과 신들은 모두 다 공경할 것이요, 소홀히 하지 말아야 하느니라.

　일체의 사람들과 하늘은 항상 마땅히 공양하고, 오로지 명호를 부르고 찬탄하면 한량없는 복덕을 얻고 무량한 죄업을 소멸하게 될 것이니라. 그 공덕으로 인하여 목숨이 다하게 되면 아미타부처님께서 계시는 극락세계에 태어나게 되느니라.

　이 관세음보살이 설한 위와 같은 대비신주는 진실되어 결코 헛된 것이 아니니라.

(⑧ 관세음보살의 사십이수주)

　그리고 부처님께서 아난에게 관세음보살의 사십이수주를 말씀하셨습니다.

제1수주 만약 사람들이 온갖 보배 재물을 갖추어 부유하게 되고자 하거든 관세음보살 여의주수(如意珠手)진언을 외울지니라.

관세음보살 여의주수 진언
옴 바즈라 바따라 훔 파트

제2수주 또 만약 갖가지 불안에서 안온함을 원한다면 마땅히 관세음보살 견색수(羂索手)진언을 외울지니라.

관세음보살 견색수 진언
옴 끼릴 라라 모올라 훔 파트

제3수주 또 만약 뱃속의 모든 고통을 없애고자 한다면 마땅히 관세음보살 보발수(寶鉢手)진언을 외울지니라.

관세음보살 보발수 진언
옴 끼리끼리 바즈라 훔 파트

제4수주 또 만약 모든 도깨비와 귀신에게 항복받으려고 한다면 마땅히 관세음보살 보검수(寶劍手)진언을 외울지니라.

관세음보살 보검수 진언
옴 떼세에 떼에자아 뚜우비니
뚜우데에 사아따야 훔 파트

제5수주 또 만약 일체의 천마외도에게 항복받으려거든 마땅히 관세음보살 발절라수(拔折羅手)진언을 외울지니라.

관세음보살 발절라수 진언
옴 디베에 디베에 디빠아
마하 쉬리예에 스바하

제6수주 또 만약 모든 원적들을 꺾어 없애려거든 관세음보살 금강저수(獨股金剛杵手독고금강저수)진언을 외울지니라.

관세음보살 금강저수 진언
옴 바즈라 그니 쁘라 디입다야 스바하

제7수주 또 만약 어느 곳에 있든지 항상 불안함을 느껴 그 마음이 평안하지 못할 때에는 마땅히 관세음보살 시무외수(施無畏手)진언을 외울지니라.

관세음보살 시무외수 진언
옴 즈라나야 훔 파트

제8수주 또 만약 눈이 어두워 광명을 구하려거든 마땅히 관세음보살 일정마니수(日精摩尼手)진언을 외울지니라.

관세음보살 일정마니수 진언
옴 뚜우 삐까야 뚜우 뻡라 바리디 스바하

제9수주 또 만약 지독한 열병으로 청량함을 구하려거든 마땅히 관세음보살 월정마니수(月精摩尼手)진언을 외울지니라.

관세음보살 월정마니수 진언
옴 수시디 그리 스바하

제10수주 또 만약 영예로운 벼슬 승진 직장을 구하려거든 마땅히 관세음보살 보궁수(寶弓手)진언을 외울지니라.

관세음보살 보궁수 진언
옴 아짜 비레 스바하

제11수주 또 만약 모든 좋은 벗을 일찍 만나려거든 마땅히 관세음보살 보전수(寶箭手)진언을 외울지니라.

관세음보살 보전수 진언
옴 까말라 스바하

제12수주 또 만약 몸에 온갖 종류의 질병을 없애려거든 마땅히 관세음보살 양류지수(楊柳枝手)진언을 외울지니라.

관세음보살 양류지수 진언
옴 수싯디 까리 바리 다 나안따 믁다예
바즈라 바즈라 바안따 하나하나 훔 파트

제13수주 또 만약 신상에 일체악한 장애와 어려움을 소멸하려거든 마땅히 관세음보살 백불수(白拂手)진언을 외울지니라.

관세음보살 백불수 진언
옴 빠암미니 바가바떼 모오하야 자아가
모오하니 스바하

제14수주 또 만약 모든 권속이 잘 화합하려거든 마땅히 관세음보살 보병수(寶甁手)진언을 외울지니라.

관세음보살 보병수 진언
옴 그레에 삼마얌 스바하

제15수주 또 만약 일체의 호랑이나 악한 짐승을 물리치려거든 마땅히 관세음보살 방패수(防牌手)진언을 외울지니라.

관세음보살 방패수 진언
옴 약삼 나다야 쉬짜 안드라 다두
빠리빠샤 빠샤 스바하

제16수주 또 만약 어느 때 어느 곳에 살더라도 관재를 없애려거든 마땅히 관세음보살 월부수(鉞斧手)진언을 외울지니라.

관세음보살 월부수 진언
옴 미라야 미라야 스바하

제17수주 또 만약 남녀의 하인을 거느리려고 한다면 마땅히 관세음보살 옥환수(玉環手)진언을 외울지니라.

관세음보살 옥환수 진언
옴 빠암맘 미라야 스바하

제18수주 또 만약 온갖 종류의 공덕을 성취하려거든 마땅히 관세음보살 백련화수(白蓮花手)진언을 외울지니라.

관세음보살 백련화수 진언
옴 바즈라 미라야 스바하

제19수주 또 만약 시방세계 정토에 마음대로 나기를 구하거든 마땅히 관세음보살 청련화수(靑蓮花手)진언을 외울지니라.

관세음보살 청련화수 진언
옴 끼리끼리 바즈라 부롸안다 훔 파트

제20수주 또 만약 지혜를 얻으려거든 마땅히 관세음보살 보경수(寶鏡手)진언을 외울지니라.

관세음보살 보경수 진언
옴 비이 푸라다 락샤 바즈라 만달라
훔 파트

제21수주 또 만약 시방세계의 모든 부처님을 친견하고자 한다면 마땅히 관세음보살 자련화수(紫蓮花手)진언을 외울지니라.

관세음보살 자련화수 진언
옴 사라사라 바즈라 까라 훔 파트

제22수주 또 만약 땅속의 모든 보물들을 얻고자 한다면 마땅히 관세음보살 보협수(寶陜手)진언을 외울지니라.

관세음보살 보협수 진언
옴 바즈라 빠샤까리 가나맘라 훔

제23수주 또 만약 신선의 도를 취하려거든 마땅히 관세음보살 오색운수(五色雲手) 진언을 외울지니라.

　　　관세음보살 오색운수 진언
　　옴 바즈라 까리라따 마안따

제24수주 또 만약 범천에 나고자 하면 마땅히 관세음보살 군지수(君遲手)진언을 외울지니라.

　　　관세음보살 군지수 진언
　　옴 바즈라 쉐에 카루따 마안따

제25수주 또 만약 모든 하늘궁전에 가서 나기를 원하려거든 마땅히 관세음보살 홍련화수(紅蓮花手)진언을 외울지니라.

　　　관세음보살 홍련화수 진언
　　옴 샹그레에 스바하

제26수주 또 만약 타방의 역적을 피하고 물리치려거든 마땅히 관세음보살 보극수(寶戟手)진언을 외울지니라.

관세음보살 보극수 진언
옴 삼마야 끼니하리 훔 파트

제27수주 또 만약 일체의 모든 천신을 불러보려거든 마땅히 관세음보살 보라수(寶螺手)진언을 외우도록 하라.

관세음보살 보라수 진언
옴 샤앙그레 마하 삼마얌 스바하

제28수주 또 만약 일체의 귀신을 마음대로 사령하고자 하면 마땅히 관세음보살 촉루장수(髑髏杖手)진언을 외울지니라.

관세음보살 촉루장수 진언
옴 두우나 바즈라 하하

제29수주 또 만약 시방에 계시는 부처님이 속히 오셔서 손길을 주었으면 하거든 마땅히 관세음보살 수주수(數珠手)진언을 외울지니라.

관세음보살 수주수 진언
나모 라뜨나 뜨라이야야 아나바떼에
비쟈예시디 시이알떼 스바하

제30수주 또 만약 일체 미묘한 범음을 성취하려거든 마땅히 관세음보살 보탁수(寶鐸手)진언을 외울지니라.

관세음보살 보탁수 진언
나모 빠암맘 빠나예에 옴 암므리따 가암베에
쉬리예에 쉬리예에 쉬리 탕지니 스바하

제31수주 또 만약 훌륭한 구변과 언사의 묘함을 구하려거든 마땅히 관세음보살 보인수(寶印手)진언을 외울지니라.

관세음보살 보인수 진언
옴 바즈라 네에 땀 자아예에 스바하

제32수주 또 만약 선신과 용왕이 항상 와서 옹호함을 구하려거든 마땅히 관세음보살 구시철구수(俱尸鐵鉤手)진언을 외울지니라.

관세음보살 구시철구수 진언
옴 악로오 따라까라 비샤예에
나모 스바하

제33수주 또 만약 자비심으로 일체중생을 보살피고 어루만져 주기를 원한다면 마땅히 관세음보살 석장수(錫杖手)진언을 외울지니라.

관세음보살 석장수 진언
옴 날띠 날띠 날띠빠띠 날떼에
다야빠니 훔 파트

제34수주 또 만약 일체중생들이 항상 서로 공경하고 사랑하는 마음을 갖기를 원한다면 마땅히 관세음보살 합장수(合掌手)진언을 외울지니라.

관세음보살 합장수 진언
옴 바암맘 그자알림 흐릭

제35수주 또 만약 세세생생 모든 부처님의 곁을 떠나지 않기를 원한다면 마땅히 관세음보살 화불수(化佛手)진언을 외울지니라.

관세음보살 화불수 진언
옴 짜안다라 바암따리 까리 다끼리
다끼리니 훔 파트

제36수주 또 만약 세세생생 부처님 궁전에 있고 다시 태로 몸을 받지 않으려거든 마땅히 관세음보살 화궁전수(化宮殿手)진언을 외울지니라.

관세음보살 화궁전수 진언
옴 미사라 미사라 훔 파트

제37수주 또 만약 많이 듣고 널리 배워 총명하려거든 마땅히 관세음보살 보경수(寶經手)진언을 외울지니라.

관세음보살 보경수 진언
옴 아하라 사롸아 비댜다라
뿌디떼 에스바하

제38수주 또 만약 이 몸으로부터 부처의 몸을 이루기까지 항상 보리심에서 물러서지 않으려거든 마땅히 관세음보살 불퇴금륜수(不退金輪手)진언을 외울지니라.

    관세음보살 불퇴금륜수 진언
      옴 샤나 미짜 스바하

제39수주 또 만약 시방의 부처님이 속히 오셔서 마정수기 하심을 구하려거든 마땅히 관세음보살 정상화불수(頂上化佛手)진언을 외울지니라.

    관세음보살 정상화불수 진언
      옴 바리니 발라앙게에 스바하

제40수주 또 만약 곡식과 과일 채소 농작물이 풍성하려거든 마땅히 관세음보살 포도수(蒲桃手)진언을 외울지니라.

    관세음보살 포도수 진언
      옴 아말라 까안떼디니 스바하

제41수주 또 만약 모든 배고픔과 목마른 생명에게 청량함을 얻으려거든 관세음보살 감로수(甘露手)진언을 외울지니라.

관세음보살 감로수 진언
옴 수루수루 쁘라수루 쁘라수루
수루야 수루야 스바하

제42수주 또 만약 삼천대천세계 모든 마구니에게 항복 받으려거든 관세음보살 총섭천비수(總攝千臂手)진언을 외울지니라.

관세음보살 총섭천비수 진언
다냐타 뫄로끼떼 스봐라야 살바
뚜우따 우하미야 스바하

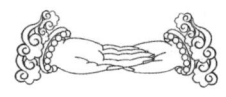

이와 같이 구하는 법이 천 가지도 더 되지만은 여기서는 간략하게 조금만 설했을 뿐이니라.
그때에 일광보살이 이 대비심다라니를 수지하는 이를 모

든 악으로부터 보호하기 위해서 그들을 옹호하는 대비주를 설하였습니다.

**나모 발타구나미 나모달마막가저 나모승가다야니
저리 부필살돌담납마**

이 주문을 독송하면 일체의 죄업이 소멸될 뿐만 아니라 또한 모든 마구니와 재앙을 능히 물리칠 수 있을 것이니라.

만약 이 주문을 한편 독송하며 부처님께 일배로써 예배하되, 이와 같이 하루 세 번 나누어 송주예불하면 미래세상 몸 받는 곳에서 낱낱의 용모가 지극히 단정한 몸을 받게 되고, 또 즐거운 과보를 받게 될 것이니라.

그때에 월광보살 또한 이 대비심다라니를 수지하는 이를 모든 악으로부터 보호하기 위해서 그들을 옹호하는 대비주를 설하였습니다.

**심저제도소타 아약밀제오도타 심기타 파퇴제 야미약타
오도타 구라제타기미타 사바하**

이 주문을 다섯 편을 독송하고, 오색실을 가지고 송주하며 매듭지어 고통이 있는 곳을 그것으로 매어두면 곧 낫게 되느니라.

이 주문은 과거 40항하사 모든 부처님들께서 설하신 것이요, 내가 지금 또한 설함이니, 모든 수행하는 사람들을 옹호하고자 함이요, 일체장애와 곤란을 없애주려는 까닭이요, 일체 모든 선법을 성취하게 하려는 까닭이요, 일체 모든 공포와 두려움을 멀리 떠나게 하려는 까닭이니라.

(유통분)
부처님께서 아난에게 말씀하셨습니다.

그대는 마땅히 깨끗하고 깊은 마음으로 이 다라니를 받아지녀서 널리 염부제에 유포하여 끊어짐이 없도록 하여라. 왜냐하면 이 다라니는 삼계의 모든 중생들에게 능히 큰 이익을 주기 때문이니라. 일체 병환의 고통에 몸이 있을지라도, 이 다라니로써 다스리면 낫지 못할 것이 없느니라. 이와 같이 대비주를 마른나무 가지에도 송주하면 가지가 살아나 꽃이 피고 열매를 맺게 되거늘 하물며 감정이 있고 의식이 있는 중생들을 치료함이랴. 대비주로 다스리지 못할 병은 없느니라.

　육신에 병환이 있어서 그곳을 치료하고자 해서 이 다라니를 독송하는데, 만약 그 병들이 낫지 않는다면 어찌 내가 권하는 다라니라고 말할 수 있겠느냐.

　선남자야! 이 다라니의 위신력은 불가사의하고 불가사의하여 한없이 찬탄하여도 그 공덕을 다 찬탄할 수가 없느니라.

　만약 과거 아득히 먼 옛날로부터 내려오면서 선근을 심지 아니하였으면 이 다라니의 이름조차 들을 수도 없거늘, 하물며 이 다라니를 얻고 볼 수 있겠느냐!

　그러므로 그대 대중과 하늘 사람 용 신들은 나의 찬탄함을 듣고서 모두 다 마땅히 기뻐하며 따라야 할 것이니라.

　만약 이 다라니의 주문을 비방하는 이가 있다면 그는 곧 99억 항하사의 모든 부처님을 비방하게 되는 것이니라. 또 만약 이 다라니를 믿지 않거나 의심을 하는 이는 영원히 큰 이익을 잃게 된다는 것을 마땅히 알아야 하느니라. 백천만겁 동안 악취에서 빠져 나올 기약이 없으므로 인하여 항상 부처님을 친견하지 못하고, 부처님의 말씀을 들을 수 없으며, 또 청정하게 수행하는 모든 스님들을 보지도 못하게 되느니라.

그때 그 법회에 모인 일체의 모든 보살마하살과 금강밀적 제석천 4천왕 용 귀신들이 여래께서 이 다라니를 찬탄하시는 것을 듣고서는 모두 다 기뻐하고 즐거운 마음을 내어 그 가르침을 받들어 수행하였습니다.

관음참회 예문
觀音懺悔禮文

관음삼정례 (거불)

나무 원통교주 관세음보살 　　나무 원통교주 관세음보살
　　　　　　　　　　　　　　　　南無 圓通敎主 觀世音菩薩
나무 도량교주 관세음보살 　　나무 도량교주 관세음보살
　　　　　　　　　　　　　　　　南無 道場敎主 觀世音菩薩
나무 원통회상 불보살　　　　　나무 원통회상 불보살
　　　　　　　　　　　　　　　　南無 圓通會上 佛菩薩

보소청진언　나무 보보제리 가리다리 다타 아다야 ⑶

1. 관세음보살을 찬탄함

간절하게 생각하니 관음보살은　　절이관음보살
　　　　　　　　　　　　　　　　竊以觀音菩薩
삼아승지 높은과덕 원만히했고　　과만삼지 공원십지
　　　　　　　　　　　　　　　　果滿三祗 功圓十地
십지보살 좋은공덕 모두이뤘네

아미타불 극락세계 머무르시며　　주미타극락지국
　　　　　　　　　　　　　　　　住彌陀極樂之國
보광공덕 보살이라 이름하시네　　호보광공덕지존
　　　　　　　　　　　　　　　　號普光功德之尊
사바세계 중생들과 함께하시어　　시무외어사바계중
　　　　　　　　　　　　　　　　施無畏於娑婆界中
두려움이 없는마음 베풀어주고

자비롭고 지혜로운 거룩한모습　　현권위어보타산상
　　　　　　　　　　　　　　　　現權威於補陀山上

방편으로 보타산에 나퉈보이네
이마위에 감아도는 푸른털들은   정선취발
                                            頂旋翠髮
천줄기로 소라처럼 환히빛나고   교천서지청라
                                            皎千緒之青螺
은은하게 몸에지닌 뚜렷한빛은   신패원광
                                            身佩圓光
저하늘에 달빛처럼 맑고밝아라   담일륜지명월
                                            湛一輪之明月
어느때는 열두얼굴 나타내시니   혹현십이면지
                                            或現十二面之
뛰어나고 묘한모습 뚜렷이밝고   기특묘상원명
                                            奇特妙相圓明
어느때는 일천팔의 장엄보이사   혹현일천비지장엄
                                            或現一千臂之莊嚴
그위신력 밝고빛나 드러내시네   위신현환
                                            威神顯煥
중생들의 지은업이 과보불러서   기유군생감소
                                            其有群生感召
뭇괴로움 서로서로 뒤얽혀나도   중고영전
                                            衆苦縈纏
관음보살 귀의하는 한생각내면   흥일념지귀의
                                            興一念之歸依
온갖재앙 남김없이 없애주시니   비천앙이진멸
                                            俾千殃而殄滅
자비로운 법의비와 법의구름은   어시법운법우
                                            於是法雲法雨
삼계중의 타는번뇌 시원케하고   청량어삼계지중
                                            清凉於三界之中
계정혜향 해탈향과 해탈지견향   계향정향
                                            戒香定香
온누리에 가득하게 널리풍기리   분복어시방지내
                                            芬馥於十方之內
자비수로 티끌먼지 씻어주시고   자비약수세척진몽
                                            慈悲若水 洗滌塵蒙

관세음의 크신지혜 칼과같아서   **지혜여도 단제원결**
맺힌원한 모두끊어 없애주시네   智慧如刀 斷除寃結

2. 단을 차려 관세음보살을 청함

사바세계 동양 (사는 주소) (이름) 불제자는 (○○사) 관세음보살 원성취
(관음참회 소원성취 21)일 기도를 지극정성으로 올리나이다.

오늘이제   **시일(야)(⋯⋯⋯)**
                     是 日 夜
도량안팎 정성다해 엄숙히하여   **정헌엄숙 금수분방**
비단으로 꽃다웁게 꾸며놓으니   庭軒嚴肅 錦綉芬芳
상서로운 온갖기운 고이서리고   **서기인온 향분복욱**
미묘하온 향내음새 피어오르네   瑞氣氤氳 香芬馥郁
맑고고운 범패가락 읊조리면서   **연어음지청범**
                       演魚音之淸梵
이름있는 전단향을 사뤄올리고   **설우수지명향**
                       爇牛首之名香
이제자의 뜻과정성 모두기울여   **지의지성 귀불귀법**
부처님과 바른법에 귀의합니다   至意至誠 歸佛歸法
바라오니 오색구름 줄기가운데   **유원오운타내**
                       唯願五雲朶內
거룩하고 복된모습 움직이시고   **운천복지진의**
                       運千福之眞儀

백가지의 보배로운 밝은빛속에　　　　백보광중
　　　　　　　　　　　　　　　　　　百寶光中
가벼웁고 묘한옷을 걸쳐보이사　　　　정육수지묘복
　　　　　　　　　　　　　　　　　　整六銖之妙服
메마른　　저중생을 적셔주시고　　　　윤함영지고고
　　　　　　　　　　　　　　　　　　潤含靈之枯槁
땅위의　　어둔티끌 물리치소서　　　　벽대지지혼진
　　　　　　　　　　　　　　　　　　闢大地之昏塵
눈썹사이 옥빛털이 빛을비추니　　　옥호조이십선생
　　　　　　　　　　　　　　　　　　玉毫照而十善生
열가지의 착한마음 우러나오고
보배병속 감로수의 물을뿌림에　　　　감로쇄이팔난식
　　　　　　　　　　　　　　　　　　甘露灑而八難息
여덟가지 모진액란 사라지도다
다른이의 마음아는 지혜눈으로　　　　타심혜안
　　　　　　　　　　　　　　　　　　他心慧眼
범부들의 지극한뜻 살펴보시고　　　　감범정극념지심
　　　　　　　　　　　　　　　　　　鑑凡情克念之心
뚜렷하게 걸림없는 묘한지혜와　　　　성지음공
　　　　　　　　　　　　　　　　　　聖智蔭功
중생들을 덮어주는 공덕으로써
티끌세상 인연있는 여러중생의
간절한　　마음의청 따라주시사　　　　부진세유연지청
　　　　　　　　　　　　　　　　　　赴塵世有緣之請
이도량에 함께하여 주시옵소서
삼가　　　지극한뜻 다바치어서　　　　근운지성 일심찬례
　　　　　　　　　　　　　　　　　　謹運至誠　一心讚禮
일심으로 찬탄하고 예배합니다

3. 법보화 삼신불(三身佛)을 청함

① 삼신불의 증명을 청함

우러러   앙계 仰啓

자주빛의 연꽃대위 붉은연꽃속   자련대상 홍우화중 紫蓮臺上 紅藕花中

항상계신 법신보신 화신부처께   법신보신화신자부 法身報身化身慈父

우러르며 간절하게 아뢰옵나니

원하건대 온누리에 위덕날리며   유원 唯願

시방세계 밝은빛을 두루비추사   위령천계 광조시방 威靈千界 光照十方

이도량에 큰자비로 강림하시어   강림도량 증명공덕 降臨道場 證明功德

저희들이 짓는공덕 <u>증명하소서</u>

② 법신불을 찬탄함

지극한 마음으로   지심귀명례 至心歸命禮

깨끗하고 미묘하고 진리몸이신

비로자나 거룩하신 부처님에게

이한생명 다바쳐서 <u>절하옵니다</u>

깨끗하게 장엄된 향수바다의   청정향엄해 淸淨香嚴海

밝고밝아 다함없는 화장세계는　　원명화장도
　　　　　　　　　　　　　　　　圓明華藏都
셀수없는 마니주의 보배구름이　　불가설마니보운장엄
　　　　　　　　　　　　　　　　不可說摩尼寶雲莊嚴
거룩하고 아름답게 꾸며져있고

아승지수 빛나는　구슬그물이　　아승지광명주망
　　　　　　　　　　　　　　　　阿僧祇光明珠網
사이사이 서로비쳐 다함없어라　　간착
　　　　　　　　　　　　　　　　間錯
온갖보배 환히빛나 끝이없으며　　일체중보현환무애
　　　　　　　　　　　　　　　　一切衆寶顯煥無涯
만가지덕 참되고　한결같아서　　만덕진상응연적멸
　　　　　　　　　　　　　　　　萬德眞常凝然寂滅
언제나　 그윽하고 고요하므로

범부들이 헤아려　알수없나니　　양불가측
　　　　　　　　　　　　　　　　量不可測
진리하늘 비고비어 자취끊기고　　공공적절어의천
　　　　　　　　　　　　　　　　空空迹絶於義天
교리바다 맑고맑아 말을잊었네　　심불가애
　　　　　　　　　　　　　　　　深不可涯
모든모습 벗어나　홀로높지만　　담담언망어교해
　　　　　　　　　　　　　　　　湛湛言忘於教海
그윽히　 온갖공덕 끼쳐주시는　　형연훈현
　　　　　　　　　　　　　　　　迥然熏顯
청정하고 미묘한　진리의생명　　청정법신
　　　　　　　　　　　　　　　　淸淨法身
비로자나 거룩한　부처님이여　　비로자나불
　　　　　　　　　　　　　　　　毘盧遮那佛
다함없는 자비의　보살핌으로
원컨대　이도량에 강림하시어　유원자비
　　　　　　　　　　　　　　　　唯願慈悲
저희들이 짓는공덕 <u>증명하소서</u>　강림도량 증명공덕
　　　　　　　　　　　　　　　　降臨道場 證明功德

103

초명의　　눈썹위에　나라세우니
옥백으로　제후들이　조공을하네
천자가　　대궐난간　비켜앉아서
나라땅의　넓고큼을　이야기하나
큰허공도　한방울의　거품같아라

향화청
香花請
초명안첩기황주
蟭螟眼睫起皇州
옥백제후차제투
玉帛諸侯次第投
천자임헌논토광
天子臨軒論土廣
태허유시일부구
太虛猶是一浮漚

③ 보신불을 찬탄함

지극한　　마음으로
수행으로　성취하신　공덕의몸인
노사나　　거룩한　　부처님에게
이한생명　다바쳐서　절하옵니다
노사나　　거룩한　　부처님께선
색구경천　큰보배　　연꽃가운데
십화장　　세계의　　티끌수같은
큰사람의　모습으로　장엄하시고
아승지의　강가강의　모래알같은
미묘한　　광명으로　권속삼으니

지심귀명례
至心歸命禮

색구경천상
色究竟天上
대보련화중
大寶蓮華中
십화장미진수
十華藏微塵數
대인상이장엄
大人相以莊嚴
아승지항하사
阿僧祇恒河沙
묘광명위권속
妙光明爲眷屬

모든근에 낱낱상호 가이없어라　제근일일 상호무변
　　　　　　　　　　　　　　　　諸根一一　相好無邊
주와반이 중중하나 위륜달라도　주반중중 위륜유이
　　　　　　　　　　　　　　　　主伴重重　威倫有異
자수용과 타수용에 걸림없으신　자타수용
　　　　　　　　　　　　　　　　自他受用
원만보신 노사나　부처님이여　원만보신 노사나불
　　　　　　　　　　　　　　　　圓滿報身　盧舍那佛
다함없는 자비의　보살핌으로
원컨대　이도량에 강림하시어　유원자비
　　　　　　　　　　　　　　　　唯願慈悲
저희들이 짓는공덕 증명하소서　강림도량 증명공덕
　　　　　　　　　　　　　　　　降臨道場　證明功德

　　　　　　　　　　　　　　　　향화청
　　　　　　　　　　　　　　　　香花請

고해바다 안팎의집 일찍이꾸려　해상증영내외가
　　　　　　　　　　　　　　　　海上曾營內外家
가고오며 서로이어 물결따라서　왕래상속기수파
　　　　　　　　　　　　　　　　往來相續幾隨波
한　줄기 옛　길이 평탄하지만　일조고로수평탄
　　　　　　　　　　　　　　　　一條古路雖平坦
옛날처럼 두갈래로 달려나가네　구습의연 주양차
　　　　　　　　　　　　　　　　舊習依然　走兩叉

④ 화신불을 찬탄함

지극한　마음으로　　　　　　지심귀명례
　　　　　　　　　　　　　　　　至心歸命禮
중생에게 천백억　화신이신
석가모니 거룩한　부처님에게
이한생명 다바쳐서 절하옵니다

부처님은 도솔천　하늘위에서　　도솔타천상상가일륜
　　　　　　　　　　　　　　　兜率陀天上象駕日輪
찬란한　　햇빛속에　코끼리타고
마야부인　태속에　　드시었으며　마갈제국중
　　　　　　　　　　　　　　　摩竭提國中
룸비니　　꽃동산에　태어나실때
아홉용이　맑은물로　목욕시키고　용반각수
　　　　　　　　　　　　　　　龍蟠覺樹
마갈타국　보리수　　나무아래서
위없고　　바른깨침　이루시었네
삼백여회　진리말씀　설법하시사　교담삼백여회
　　　　　　　　　　　　　　　教談三百餘會
고통받는　많은중생　건져내시고　도탈중생
　　　　　　　　　　　　　　　度脫衆生
칠십구년　이세간에　머무르시사　주세칠십구년
　　　　　　　　　　　　　　　住世七十九年
중생에게　이익주고　기쁨주시네　이락군품
　　　　　　　　　　　　　　　利樂郡品
중생들의　모습따라　화현하시는　응물수형화
　　　　　　　　　　　　　　　應物隨形化
천백억화신　석가모니　부처님이여　천백억화신석가모니불
　　　　　　　　　　　　　　　千百億化身釋迦牟尼佛
다함없는　자비의　　보살핌으로
원컨대　　이도량에　강림하시어　유원자비
　　　　　　　　　　　　　　　唯願慈悲
저희들이　짓는공덕　증명하소서　강림도량 증명공덕
　　　　　　　　　　　　　　　降臨道場 證明功德

　　　　　　　　　　　　　　　향화청
　　　　　　　　　　　　　　　香花請

은하수에　달이가려　둥글어지니　월마은한전성원
　　　　　　　　　　　　　　　月摩銀漢轉成圓

흰　얼굴 빛을펴서 누리비치네	소면서광조대천 素 面 舒 光 照 大 千
원숭이들 산과산에 팔을뻗어서	원비산산공착영 猿 臂 山 山 空 捉 影
공연히　물속달을 쥐려하지만	고륜본불낙청천 孤 輪 本 不 落 青 天
홀로밝은 저기달은 원래로부터	
하늘에서　떨어지지 아니하였네	

4. 아미타불을 찬탄함

지극한　마음으로	지심귀명례 至 心 歸 命 禮
서방정토 아미타　부처님에게	
이한생명 다바쳐서 절하옵니다	
자금색의 단엄하고 뛰어난모습	자금엄상 紫 金 嚴 相
백억의　나라마다 환히빛나네	휘화백억찰중 輝 華 百 億 刹 中
눈썹사이 백옥처럼 밝은털들은	백옥명호 白 玉 明 毫
수미산 다섯봉우리 위에감돌아	선전오봉산상 旋 轉 五 峯 山 上
밝은빛　곳곳마다 넘쳐흘러서	광류처처 光 流 處 處
중생을　거둬주지 않음이없고	무불섭생 無 不 攝 生
그림자로 나툰화현 끝이없어서	영화중중 影 化 重 重

인연있는 중생을   모두건지네　　유연개도
　　　　　　　　　　　　　　　　有緣皆度
세 가지 좋은마음 갖출수있어　　약유삼심극비
　　　　　　　　　　　　　　　　若有三心克備
열번부른 공덕이룬 사람있다면　　십념공성
　　　　　　　　　　　　　　　　十念功成
구품연대 이끌어   향하게하니　　접향구련
　　　　　　　　　　　　　　　　接向九蓮
다섯가지 흐린세상 버리게하는　　영사오락
　　　　　　　　　　　　　　　　令辭五濁
큰 슬픔 크나큰원 두루갖추어　　대비대원
　　　　　　　　　　　　　　　　大悲大願
큰 지혜 큰 사랑 널리펴시는　　대성대자
　　　　　　　　　　　　　　　　大聖大慈
우리스승 아미타   부처님이여　　아등도사 아미타불
　　　　　　　　　　　　　　　　我等導師 阿彌陀佛
다함없는 자비의   보살핌으로
원컨대   이도량에 강림하시어　　유원자비
　　　　　　　　　　　　　　　　唯願慈悲
저희들이 짓는공덕 증명하소서　　강림도량 증명공덕
　　　　　　　　　　　　　　　　降臨道場 證明功德

　　　　　　　　　　　　　　　　향화청
　　　　　　　　　　　　　　　　香花請

한량없고 가이없는 빛가운데에　　무량광중화불다
　　　　　　　　　　　　　　　　無量光中化佛多
나투신   화신부처 많으시온데
우러뵈니 그모두가 미타불이니　　앙첨개시아미타
　　　　　　　　　　　　　　　　仰瞻皆是阿彌陀
나툰몸은 빼어난   황금빛이고　　응신각정황금상
　　　　　　　　　　　　　　　　應身各挺黃金相
이마위의 보배같은 상투의모습　　보계도선벽옥라
　　　　　　　　　　　　　　　　寶髻都旋碧玉螺
푸른옥빛 소라처럼 감겨있어라

5. 관세음보살께 귀의하고 원력을 발함

① 천강에 나투신 달그림자처럼 (업장참회)

지극한 마음으로 이한생명	**지심귀명례** 至心歸命禮
다바쳐서 절하옵니다	
바닷가 홀로솟은 보타낙가산	해안고절처 海岸孤絶處
정법명왕 성관자재 보살님에게	보타낙가산정법명왕 補陀洛伽山正法明王
목숨바쳐 지심으로 절하옵나니	성관자재 聖觀自在
고이엉킨 머리털 검고푸르며	발응취대 髮凝翠黛
주홍빛의 저입술은 맑고고와라	순염주홍 脣艷朱紅
투명한뺨 노을처럼 붉게빛나고	검투단하 臉透丹霞
가는눈썹 초생달과 같이굽으니	미만초월 眉彎初月
군다리 보살이라 하기도하고	사칭다리 乍稱多利
때로는 대길상이라 부르신다네	시호길상 時號吉祥
관음보살 흰옷환히 입고계시니	교소의이목환중동 皎素衣而目煥重瞳
한눈에 두눈동자 밝게빛나고	
푸른빛깔 연꽃위에 앉으신몸은	좌청련 坐靑蓮
백복으로 거룩하게 장엄하셨네	이신엄백복 而身嚴百福

109

괴로움과 위기속에 빠진중생의
슬피울며 찾는소리 관찰하시고
그슬픔을 낱낱이 구제해주니
저하늘에 달이비록 홀로밝지만
여러강에 달그림자 나툼과같고
온세상에 봄기운이 두루해지니
꽃향기가 저절로 넘침과같네
큰 슬픔 크나큰원 두루갖추어
큰 지혜 큰 사랑 널리펴시는
흰옷걸친 관자재 보살이시여

향접위고
響接危苦
성찰구애
聲察求哀

사월현어구소
似月現於九霄
형분중수
形分衆水
여춘행어만국
如春行於萬國
체비군방
體備群芳
대비대원 대성대자
大悲大願 大聖大慈
성백의
聖白衣
관자재보살 마하살
觀自在菩薩 摩訶薩

보타산위 맑고맑은 유리세계의
정법명왕 관세음 보살님께선
삼악도에 그림자를 널리들이사
고통받는 여러중생 이롭게하고
육도속에 맞는모습 나눠보이사
중생구제 일찍이 쉬임없어라
관세음 보살님은 크신자비로

보타산상유리계
補陀山上琉璃界
정법명왕관세음
正法明王觀世音
영입삼도이유정
影入三途利有情

형분육도증무식
形分六道曾無息

자비불사수형화
慈悲不捨隨形化

중생의   모습따라 화현하시어
슬기롭고 비밀스런 말씀펴시니　　선설총명비밀언
　　　　　　　　　　　　　　　　宣說聰明秘密言
모든죄업 없애주는 진언이어라

　　관세음보살 멸 업장진언　　**옴 아로늑계 사바하** (3)
　　觀世音菩薩 滅 業障眞言　　唵 阿嚧勒繼 娑婆訶

원하옵건대　　　　　　　　　　**원 멸**
　　　　　　　　　　　　　　　　願 滅
사생육도 그지없는 모든중생이　　**사생육도 법계유정**
　　　　　　　　　　　　　　　　四 生 六 道　法 界 有 情
다겁생에 지은업장 없애기위해　　**다겁생래 제업장**
　　　　　　　　　　　　　　　　多 劫 生 來　諸 業 障
제가이제 참회하고 절하옵나니　　**아금참회 계수례**
　　　　　　　　　　　　　　　　我 今 懺 悔　稽 首 禮
원컨대   죄업장이 모두사라져　　**원제죄장실소제**
　　　　　　　　　　　　　　　　願 諸 罪 障 悉 消 除
날적마다 보살도를 <u>행해지이다</u>　　**세세상행보살도**
　　　　　　　　　　　　　　　　世 世 常 行 菩 薩 道

② 먼 길 가는 뭇 삶들 살펴주시고 (살생중죄금일참회)

대자대비 관세음   보살님에게　　**지심귀명례**
　　　　　　　　　　　　　　　　　至 心 歸 命 禮
이한생명 다바쳐서 <u>절하옵니다</u>
큰 슬픔 큰 사랑 갖춘보살은
남쪽바다 보광산   위에계시며　　**남해보광산상**
　　　　　　　　　　　　　　　　南 海 寶 光 山 上
검은구름 태풍속에 돛을달고서　　**호흑풍범과지천상**
　　　　　　　　　　　　　　　　護 黑 風 帆 過 之 千 商

111

먼길가는 뭇 삶들 살펴주시고

황금으로 땅이된   서방정토의　　　서방금색계중
　　　　　　　　　　　　　　　　　西方金色界中
맑고맑은 팔공덕수 연못가운데　　　접녹수련개어구품
　　　　　　　　　　　　　　　　　接綠水蓮開於九品
연꽃들이 구품으로 장엄된곳에
고통받는 저중생을 이끌어주네
큰 슬픔 크나큰원 두루갖추어　　　대비대원 대성대자
　　　　　　　　　　　　　　　　　大悲大願 大聖大慈
큰 지혜 큰 사랑 널리펴시는　　　　성백의
　　　　　　　　　　　　　　　　　聖白衣
흰옷걸친 관자재보살 마하살이여　　관자재보살 마하살
　　　　　　　　　　　　　　　　　觀自在菩薩 摩訶薩

십선업을 삼아승지겁   닦으사　　　인수십선삼지만
　　　　　　　　　　　　　　　　　因修十善三祇滿
얻으신 깨달음의 높은과덕은　　　　과수천화백복엄
　　　　　　　　　　　　　　　　　果秀千花百福嚴
천 가지 아름다운 꽃과도같은
백복으로 거룩하게 장엄하셨네
보배처럼 빛나는   보타락가　　　　형보산왕벽해간
　　　　　　　　　　　　　　　　　逈寶山王碧海間
푸른바다 사이에   솟아있는데
그가운데 계시는   관음보살은
흰옷에 구슬목걸이 차고계시네　　　패주영락백의상
　　　　　　　　　　　　　　　　　佩珠瓔珞白衣相
제가이제 몸의업을 정성다해서　　　금장신업귀의례
　　　　　　　　　　　　　　　　　今將身業歸依禮

관세음께 귀의하여 절하옵나니
원컨대　　천안통으로　　　　　　원천안통요증명
저희들을 증명하여 주시옵소서　　願天眼通遙證明

　　관세음보살 멸 업장진언　**옴 아로늑계 사바하** (3)
　　觀世音菩薩 滅 業障眞言　　唵 阿嚧勒繼 娑婆訶

원하옵건대　　　　　　　　　원멸
　　　　　　　　　　　　　　　　願滅
사생육도 그지없는 모든중생이　사생육도 법계유정
　　　　　　　　　　　　　　　　四生六道 法界有情
다겁생에 지어나온 살생의업장　다겁생래 살해업
　　　　　　　　　　　　　　　　多劫生來 殺害業
남김없이 모두　다 없애기위해
제가이제 참회하고 절하옵나니　아금참회계수례
　　　　　　　　　　　　　　　　我今懺悔稽首禮
원컨대　　죄업장이 모두사라져　원제죄장실소제
　　　　　　　　　　　　　　　　願諸罪障悉消除
날적마다 보살도를 행해지이다　세세상행보살도
　　　　　　　　　　　　　　　　世世常行菩薩道

③ 보배 손은 버들가지 움켜쥐시고 (투도중죄금일참회)

거룩하신 관세음　　보살님에게　지심귀명례
　　　　　　　　　　　　　　　　　至心歸命禮
이한생명 다바쳐서 절하옵니다
관음보살 황금빛　　거룩한몸은　금신좌련악
　　　　　　　　　　　　　　　　金身坐蓮萼
단엄하게 연꽃송이 위에앉으사

은은하게 묘한향기 휘날리시며　　비묘향
　　　　　　　　　　　　　　　　飛 妙 香
인간세계 더러운때 없애주시네　　제촉예어인환
　　　　　　　　　　　　　　　　除 觸 穢 於 人 寰
보배손은 버들가지 움켜쥐시고　　보수집양지
　　　　　　　　　　　　　　　　寶 手 執 楊 枝
단이슬의 시원한물 널리뿌리사　　쇄감로
　　　　　　　　　　　　　　　　灑 甘 露
활활타는 귀신세계 적셔주시네　　옥초연어귀계
　　　　　　　　　　　　　　　　沃 焦 燃 於 鬼 界
큰　슬픔 크나큰원 두루갖추어　　대비대원 대성대자
　　　　　　　　　　　　　　　　大 悲 大 願　大 聖 大 慈
큰　지혜 큰　사랑 널리펴시는　　성백의
　　　　　　　　　　　　　　　　聖 白 衣
흰옷걸친 관자재보살 마하살이여　관자재보살 마하살
　　　　　　　　　　　　　　　　觀 自 在 菩 薩 摩 訶 薩

두　뺨에 자마금빛 영롱하시고　　자단금색분쌍검
　　　　　　　　　　　　　　　　紫 檀 金 色 分 雙 臉
눈썹사이 백옥같이 돋은털들은　　백옥명호발양봉
　　　　　　　　　　　　　　　　白 玉 明 毫 發 兩 鬐
양쪽의　 머리털이 서로엉킨듯
맑고밝은 빛을널리 놓아비추니
백천개의 해와달은 빛을숨기고　　백천일월엄휘화
　　　　　　　　　　　　　　　　百 千 日 月 掩 輝 華
억만의　 하늘땅은 환히밝았네　　억만건곤개황랑
　　　　　　　　　　　　　　　　億 萬 乾 坤 皆 晃 朗
제가이제 몸의업을 정성다해서　금장신업귀의례
　　　　　　　　　　　　　　　　今 將 身 業 歸 依 禮
관세음께 귀의하여 절하옵나니
원컨대　 천안통으로　　　　　　원천안통요증명
　　　　　　　　　　　　　　　　願 天 眼 通 遙 證 明

114

저희들을 증명하여 주시옵소서

관세음보살 멸 업장진언　옴 아로늑계 사바하 (3)
觀世音菩薩 滅 業障眞言　唵 阿嚧勒繼 娑婆訶

원하옵건대　　　　　　　　　　　원멸
　　　　　　　　　　　　　　　　　　願滅
사생육도 그지없는 모든중생이　　사생육도 법계유정
　　　　　　　　　　　　　　　　　　四生六道 法界有情
다겁생에 지어나온 훔침의죄업　　다겁생래 투도업
　　　　　　　　　　　　　　　　　　多劫生來 偸盜業
남김없이 모두 다 없애기위해
제가이제 참회하고 절하옵나니　　아금참회계수례
　　　　　　　　　　　　　　　　　　我今懺悔稽首禮
원컨대　죄업장이 모두사라져　　원제죄장실소제
　　　　　　　　　　　　　　　　　　願諸罪障悉消除
날적마다 보살도를 행해지이다　　세세상행보살도
　　　　　　　　　　　　　　　　　　世世常行菩薩道

④ 두려운 곳에 모든액란 없게하시니 (사음중죄금일참회)

대자대비 관세음　보살님에게　지심귀명례
　　　　　　　　　　　　　　　　　　至心歸命禮
이한생명 다바쳐서 절하옵니다
우리스승 관세음　크신성인은
삼재가　일어나는 재앙의때에　　제삼재어재겁
　　　　　　　　　　　　　　　　　　除三災於災劫
삼재의　모진재난 없애주시고　　재변부재
　　　　　　　　　　　　　　　　　　災變不災
팔난이　일어나는 **두려운곳에**　구팔난어난향
　　　　　　　　　　　　　　　　　　救八難於難鄕

팔난돌려 **모든액란 없게하시네**　난번무난
　　　　　　　　　　　　　　　　　難飜無難
큰　슬픔 크나큰원 모두갖추어　대비대원 대성대자
　　　　　　　　　　　　　　　　大悲大願 大聖大慈
큰　지혜 큰　사랑 널리펴시는　성백의
　　　　　　　　　　　　　　　　聖白衣
흰옷걸친 관자재보살 마하살이여　관자재보살 마하살
　　　　　　　　　　　　　　　　觀自在菩薩 摩訶薩

시원스런 미간에　맑고그윽한　징응간활쌍련목
　　　　　　　　　　　　　　　　澄凝間豁雙蓮目
두　눈은 한　짝의 연꽃과같고
푸르고　검은눈썹 곱게휜것은　청감분만초월미
　　　　　　　　　　　　　　　　青紺分彎初月眉
떠오르는 초승달의 모습과같네
뚜렷밝은 금빛광명 몸에띠시고　항패원명금색광
　　　　　　　　　　　　　　　　項佩圓明金色光
이마위에 사이사이 거신구슬들　정반간착주영취
　　　　　　　　　　　　　　　　頂盤間錯珠瓔翠
붉고푸른 빛들서로 환히서리네
제가이제 몸의업을 정성다해서　금장신업귀의례
　　　　　　　　　　　　　　　　今將身業歸依禮
관세음께 귀의하여 절하옵나니
원컨대　천안통으로　　　　　　원천안통요증명
　　　　　　　　　　　　　　　　願天眼通遙證明
저희들을 증명하여 주시옵소서

　　관세음보살 멸 업장진언　**옴 아로늑계 사바하** (3)
　　觀世音菩薩 滅 業障眞言　唵 阿嚧勒繼 娑婆訶

원하옵건대   **원멸**

願滅

사생육도 그지없는 모든중생이   **사생육도 법계유정**

四生六道 法界有情

다겁생에 지어나온 사음의죄업   **다겁생래 사행업**

多劫生來 邪行業

남김없이 모두 다 없애기위해

제가이제 참회하고 절하옵나니   **아금참회계수례**

我今懺悔稽首禮

원컨대   죄업장이 모두없어져   **원제죄장실소제**

願諸罪障悉消除

날적마다 보살도를 <u>행해지이다</u>   **세세상행 보살도**

世世常行 菩薩道

⑤ 이근으로 깨친 원통의 경계 (망어중죄금일참회)

대자대비 관세음   보살님에게   **지심귀명례**

至心歸命禮

이한생명 다바쳐서 <u>절하옵니다</u>

우리스승 관세음   크신성인은

백천억   범부세계 노닐으시사   **유백천억지범계**

遊百千億之凡界

나투어   보이는몸 많으시오며   **화현거다**

化現居多

이십사위 성인도에 뛰어나시니   **월이십사지성륜**

越二十四之聖輪

원통이   제일이신   **원통제일**

圓通第一

큰 슬픔 크나큰원 모두갖추어   **대비대원 대성대자**

大悲大願 大聖大慈

큰 지혜 큰 사랑 널리펴시는   **성백의**

聖白衣

흰옷걸친 관자재보살 마하살이여 　관자재보살 마하살
　　　　　　　　　　　　　　　　觀自在菩薩 摩訶薩

고이엉긴 붉은혀는 연꽃과같고　　함담홍련응설상
　　　　　　　　　　　　　　　　菡萏紅蓮凝舌相
아름다운 그입술은 빈바단과일　　빈바단과염순단
　　　　　　　　　　　　　　　　蘋婆丹果艷脣端
위엄있는 몸의자태 코끼리같고　　위의상약상왕행
　　　　　　　　　　　　　　　　威儀相若象王行
설법하는 소리울림 사자같아라　　설법음동사자후
　　　　　　　　　　　　　　　　說法音同獅子吼
제가이제 구업으로 정성다해서　　금장구업칭찬례
　　　　　　　　　　　　　　　　今將口業稱讚禮
관세음을 찬탄하고 절하옵나니
원컨대　천이통으로　　　　　　원천이통요청문
　　　　　　　　　　　　　　　　願天耳通遙聽聞
저의칭찬 널리살펴 들어주소서

　　관세음보살 멸 업장진언　**옴 아로늑계 사바하** (3)
　　觀世音菩薩 滅 業障眞言　唵 阿嚧勒繼 娑婆訶

원하옵건대　　　　　　　　　원멸
　　　　　　　　　　　　　　　　願滅
사생육도 그지없는 모든중생이　**사생육도 법계유정**
　　　　　　　　　　　　　　　　四生六道 法界有情
다겁생에 거짓말로 지은죄업을　**다겁생래 망어업**
　　　　　　　　　　　　　　　　多劫生來 妄語業
남김없이 모두 다 없애기위해
제가이제 참회하고 절하옵나니　아금참회계수례
　　　　　　　　　　　　　　　　我今懺悔稽首禮
원컨대　죄업장이 모두없어져　원제죄장실소제
　　　　　　　　　　　　　　　　願諸罪障悉消除

날적마다 보살도를 행해지이다   세세상행보살도
世世常行菩薩道

⑥ 소리찾아 온갖고통 구해 주시고 (기어중죄금일참회)

대자대비 관세음　보살님에게   지심귀명례
至心歸命禮
이한생명 다바쳐서 절하옵니다

우리스승 관세음　크신성인은
소리찾아 온갖고통 구해주시고   심성구고
尋聲救苦
중생의　생각따라 안락주시며   응념여안
應念與安
일천손과 눈의모습 나타내시사   현일천수 안지형의
現一千手 眼之形儀
팔만가지 옥작장애 없애주시네   탕팔만신 심지장뇌
湯八萬身 心之障惱
큰　슬픔 크나큰원 두루갖추어   대비대원 대성대자
大悲大願 大聖大慈
큰　지혜 큰 사랑 널리펴시는   성백의
聖白衣
흰옷걸친 관자재보살 마하살이여   관자재보살 마하살
觀自在菩薩 摩訶薩

머리위에 감청빛의 상투올들은   정라청감영반서
頂螺靑紺縈盤緖
소라처럼 아름답게 감아돌았고
주홍빛의 살상투가 솟은모습은   육계주홍과염분
肉髻朱紅果艶分
무르익은 과일의　빛깔같아라

오색빛깔 어렴풋이 비쳐나오니   조요몽롱오채명
照耀朦朧五彩明
허공속에 천천히   구르는자태   당공완전천화수
當空宛轉千花秀
일천꽃의 빼어난   모습같아라
제가이제 구업으로 정성다해서   금장구업칭찬례
今將口業稱讚禮
관세음을 찬탄하고 절하옵나니
원컨대   천이통으로   원천이통요청문
願天耳通遙聽聞
저희칭찬 널리살펴 <u>들어주소서</u>

     관세음보살 멸 업장진언   **옴 아로늑제 사바하** (3)
     觀世音菩薩滅業障眞言   唵 阿嚧勒繼 娑婆訶

원하옵건대   원멸
願滅
사생육도 그지없는 온갖중생이   사생육도 법계유정
四生六道 法界有情
다겁생에 꾸민말로 지은죄업을   다겁생래 기어업
多劫生來 綺語業
남김없이 모두 다 없애기위해
제가이제 참회하고 절하옵나니   아금참회계수례
我今懺悔稽首禮
원컨대   죄업장이 모두없어져   원제죄장실소제
願諸罪障悉消除
날적마다 보살도를 <u>행해지이다</u>   세세상행 보살도
世世常行菩薩道

⑦ 대비 해탈법을 설하고 (양설중죄금일참회)

대자대비 관세음　보살님에게　　지심귀명례
이한생명 다바쳐서 절하옵니다　　至心歸命禮
우리스승 관세음　크신성인은
화엄회상 금강보석 자리위에서　　금강석지좌상
　　　　　　　　　　　　　　　金剛石之座上
선재에게 대비해탈 법을설하고　　법시선재
　　　　　　　　　　　　　　　法施善財
아미타불 계시는　극락세계선　　극락국지궁중
　　　　　　　　　　　　　　　極樂國之宮中
대세지　보살보다 높은지위인　　위고세지
　　　　　　　　　　　　　　　位高勢至
큰　슬픔 크나큰원 두루갖추어　　대비대원 대성대자
　　　　　　　　　　　　　　　大悲大願　大聖大慈
큰　지혜 큰　사랑 널리펴시는　　성백의
　　　　　　　　　　　　　　　聖白衣
흰옷걸친 관자재보살 마하살이여　관자재보살 마하살
　　　　　　　　　　　　　　　觀自在菩薩 摩訶薩

뭇삶들의 부름에　나아가시사　　부감응기무잠식
　　　　　　　　　　　　　　　赴感應機無暫息
그기틀에 응하심이 쉬임없으며
고통속에 외치는　소리찾아서　　심성구고미증휴
　　　　　　　　　　　　　　　尋聲救苦未曾休
모든고통 건져줌이 그침없어라
삼공으로 정관하니 모두공하며　　삼공정관관공공
　　　　　　　　　　　　　　　三空定觀觀空空
자비희사 무량심에 항상머무니　　사등주심심등등
　　　　　　　　　　　　　　　四等住心心等等
마음마음 언제나　평등하여라

제가이제 구업으로 정성다해서 　금장구업칭찬례
　　　　　　　　　　　　　　　今 將 口 業 稱 讚 禮
관세음을 찬탄하고 절하옵나니
원컨대　천이통으로　　　　　원천이통요청문
　　　　　　　　　　　　　　　願 天 耳 通 遙 聽 聞
저희칭찬 널리살펴 들어주소서

　　관세음보살 멸 업장진언　옴 아로늑제 사바하 (3)
　　觀 世 音 菩 薩 滅 業 障 眞 言　唵 阿 嚧 勒 繼 娑 婆 訶

원하옵건대　　　　　　　　원멸
　　　　　　　　　　　　　　　願 滅
사생육도 그지없는 온갖중생이　사생육도 법계유정
　　　　　　　　　　　　　　　四 生 六 道 法 界 有 情
다겁생에 지어나온 두말한죄업　다겁생래 양설업
　　　　　　　　　　　　　　　多 劫 生 來 兩 舌 業
남김없이 모두 다 없애기위해
제가이제 참회하고 절하옵나니　아금참회계수례
　　　　　　　　　　　　　　　我 今 懺 悔 稽 首 禮
원컨대　죄업장이 모두없어져　원제죄장실소제
　　　　　　　　　　　　　　　願 諸 罪 障 悉 消 除
날적마다 보살도를 행해지이다　세세상행 보살도
　　　　　　　　　　　　　　　世 世 常 行 菩 薩 道

⑧ 원을 따라 나투시는 갖가지 몸 (악구중죄금일참회)

대자대비 관세음　보살님에게　지심귀명례
　　　　　　　　　　　　　　　至 心 歸 命 禮
이한생명 다바쳐서 절하옵니다
대자대비 관세음의 신통의세계

예를들어 몇가지   살펴본다면
도안법사 열반경의 소를짓고서　　**도안앙차**
　　　　　　　　　　　　　　　　道安仰借
관음대성 우러러   증명구하니　　**잠시승현성지신통**
　　　　　　　　　　　　　　　　暫時乘現聖之神通
홀연히   관음성상 만나게됐고
이섭법사 뛰어나게 통하길원해　　**이섭초구**
　　　　　　　　　　　　　　　　利涉超求
관음상에 칠일동안 기도올려서
걸림없는 대변재를 두루통하고　　**응념득불범지사변**
　　　　　　　　　　　　　　　　應念得不凡之詞辯
화엄경을 연설해서 불법전했네
큰   슬픔 크나큰원 두루갖추어　　**대비대원 대성대자**
　　　　　　　　　　　　　　　　大悲大願　大聖大慈
큰   지혜 큰   사랑 널리펴시는　**성백의**
　　　　　　　　　　　　　　　　聖白衣
흰옷걸친 관자재보살 마하살이여　**관자재보살 마하살**
　　　　　　　　　　　　　　　　觀自在菩薩　摩訶薩

한소리   삼천계에 맑게울려서　**일음청진삼천계**
　　　　　　　　　　　　　　　　一音清震三千界
칠변으로 팔제법문 연설하시며　　**칠변선담팔제문**
　　　　　　　　　　　　　　　　七辯宣談八諦門
중생을   슬퍼하는 마음움직여　　**운비수원응군기**
　　　　　　　　　　　　　　　　運悲隨願應群機
원을따라 여러근기 응해주시고
이세계와 타방세계 온갖국토에　　**차계타방증육취**
　　　　　　　　　　　　　　　　此界他方拯六趣
헤매도는 여섯갈래 중생건지네

제가이제 구업으로 정성다해서　　금장구업칭찬례
　　　　　　　　　　　　　　　　今將口業稱讚禮
관세음을 찬탄하고 절하옵나니
원컨대　천이통으로　　　　　　원천이통요청문
　　　　　　　　　　　　　　　　願天耳通遙聽聞
저희칭찬 널리살펴 들어주소서

　　관세음보살 멸 업장진언　옴 아로늑계 사바하 (3)
　　觀世音菩薩 滅 業障眞言　唵 阿嚧勒繼 娑婆訶

원하옵건대　　　　　　　　　　원멸
　　　　　　　　　　　　　　　　願滅
사생육도 그지없는 온갖중생이　사생육도 법계유정
　　　　　　　　　　　　　　　　四生六道 法界有情
다겁생에 지어나온 욕설한죄업　다겁생래 악구업
　　　　　　　　　　　　　　　　多劫生來 惡口業
남김없이 모두 다 없애기위해
제가이제 참회하고 절하옵나니　아금참회계수례
　　　　　　　　　　　　　　　　我今懺悔稽首禮
원컨대　죄업장이 모두없어져　원제죄장실소제
　　　　　　　　　　　　　　　　願諸罪障悉消除
날적마다 보살도를 행해지이다　세세상행보살도
　　　　　　　　　　　　　　　　世世常行菩薩道

⑨ 뭇 성인도 관세음께 귀의하나니 (탐애중죄금일참회)

대자대비 관세음　보살님에게　지심귀명례
　　　　　　　　　　　　　　　　至心歸命禮
이한생명 다바쳐서 절하옵니다
우리스승 관세음　크신성인은

대비심 다라니의 진언으로써　　　　대비심진언이제
널리모든 중생을 건져주시며　　　　　大悲心眞言利濟
중생의 간절한 부름응하고　　　　　응감수기
여러가지 근기에 따라주심에　　　　　應感隨機
무진의 보살님도 귀의하오니　　　　무진의보살흠귀
관세음 보살님의 위덕과지혜　　　　無盡意菩薩欽歸
뭇성인과 현인들을 뛰어넘었네　　　　초현월성
　　　　　　　　　　　　　　　　　　超現越聖
큰 슬픔 크나큰원 두루갖추어　　　　대비대원 대성대자
큰 지혜 큰 사랑 널리펴시는　　　　　大悲大願 大聖大慈
흰옷걸친 관자재보살 마하살이여　　　성백의
　　　　　　　　　　　　　　　　　　聖白衣
　　　　　　　　　　　　　　　　　　관자재보살 마하살
　　　　　　　　　　　　　　　　　　觀自在菩薩 摩訶薩

벽옥머리 소라처럼 감아돌았고　　　　벽옥나문선완전
자금빛의 연꽃같은 손바닥에는　　　　碧玉螺紋旋宛轉
손금이 뚜렷하고 아름다워라　　　　　자금연장획분명
　　　　　　　　　　　　　　　　　　紫金蓮掌劃分明
여덟가지 공덕갖춘 지혜의물로　　　　팔공덕수척혼몽
중생의 어두운꿈 씻어주시고　　　　　八功德水滌昏蒙
칠보병에 담아든 푸른버들은　　　　　칠보양지제열뇌
활활타는 번뇌불꽃 없애주시네　　　　七寶楊枝除熱惱

제가이제 의업으로 정성다해서　금장의업건성례
　　　　　　　　　　　　　　　今將意業虔誠禮
관세음께 경건히　절하옵나니
다른이의 마음보는 신통력으로　원타심통요감지
　　　　　　　　　　　　　　　願他心通遙鑑知
원컨대　널리널리 살펴주소서

관세음보살 멸 업장진언　옴 아로늑계 사바하 (3)
觀世音菩薩 滅 業障眞言　唵 阿嚧勒繼 娑婆訶

원하옵건대　　　　　　　　원멸
　　　　　　　　　　　　　　　願滅
사생육도 그지없는 온갖중생이　사생육도 법계유정
　　　　　　　　　　　　　　　四生六道 法界有情
다겁생에 지어나온 탐애의죄업　다겁생래 탐애업
　　　　　　　　　　　　　　　多劫生來 貪愛業
남김없이 모두 다 없애기위해
제가이제 참회하고 절하옵나니　아금참회계수례
　　　　　　　　　　　　　　　我今懺悔稽首禮
원컨대　죄업장이 모두사라져　원제죄장실소제
　　　　　　　　　　　　　　　願諸罪障悉消除
날적마다 보살도를 행해지이다　세세상행 보살도
　　　　　　　　　　　　　　　世世常行 菩薩道

⑩ 금모래 여울가에 여자 몸으로 (진에중죄금일참회)

대자대비 관세음　보살님에게　지심귀명례
　　　　　　　　　　　　　　　至心歸命禮
이한생명 다바쳐서 절하옵니다
우리스승 관세음　크신성인은

126

사주에서 물빠진자 구할적에는　　사주지알표익
　　　　　　　　　　　　　　　　四州之渴漂溺
자단의를 걸치신　승가대사로　　성승현옹자단의
　　　　　　　　　　　　　　　　聖僧現擁紫檀衣
거룩하게 그모습　나타내셨고
어리석은 섬서성　사람들에겐　　섭부지지음미
　　　　　　　　　　　　　　　　陝府之止婬迷
부처님의 바른법　전하기위해
아름다운 여자로　몸을나투어　　선녀화유금쇄골
　　　　　　　　　　　　　　　　仙女化留金鎖骨
마가집　청년과　결혼하신뒤
황금뼈를 남기고　몸을거뒀네
큰 슬픔 크나큰원 두루갖추어　　대비대원 대성대자
　　　　　　　　　　　　　　　　大悲大願　大聖大慈
큰 지혜 큰 사랑 널리펴시는　　성백의
　　　　　　　　　　　　　　　　聖白衣
흰옷걸친 관자재보살 마하살이여　관자재보살 마하살
　　　　　　　　　　　　　　　　觀自在菩薩摩訶薩

티없이　깨끗하신 몸의빛깔은　　단염하광신영정
　　　　　　　　　　　　　　　　丹艶霞光身瑩淨
곱게붉은 저녁하늘 노을빛같고
다시없이 빼어난　얼굴모습은　　소응월면모희기
　　　　　　　　　　　　　　　　素凝月面貌希奇
희고맑은 보름달의 모습같아라
근기살펴 그에맞는 가르침펴니　　관근두교불참차
　　　　　　　　　　　　　　　　觀根逗教不參差
가르침들 어긋나　틀리지않고

법을설해 뭇삶들을 이롭게하니　설법이생함해탈
　　　　　　　　　　　　　　　說 法 利 生 咸 解 脫
듣는중생 빠짐없이 해탈하도다

제가이제 의업으로 정성다해서　금장의업건성례
　　　　　　　　　　　　　　　今 將 意 業 虔 誠 禮
관세음께 경건히　절하옵나니

다른이의 마음보는 신통력으로　원타심통요감지
　　　　　　　　　　　　　　　願 他 心 通 遙 鑑 知
원컨대　널리널리 <u>살펴주소서</u>

　　관세음보살 멸 업장진언　옴 아로늑계 사바하 (3)
　　觀 世 音 菩 薩 滅 業 障 眞 言　唵 阿 嚧 勒 繼 娑 婆 訶

원하옵건대　　　　　　　　원멸
　　　　　　　　　　　　　　　願 滅
사생육도 그지없는 온갖중생이　**사생육도 법계유정**
　　　　　　　　　　　　　　　四 生 六 道 法 界 有 情
다겁생에 지어나온 성냄의죄업　**다겁생래 진에업**
　　　　　　　　　　　　　　　多 劫 生 來 瞋 恚 業
남김없이 모두　다 없애기위해

제가이제 참회하고 절하옵나니　아금참회계수례
　　　　　　　　　　　　　　　我 今 懺 悔 稽 首 禮
원컨대　죄업장이 모두사라져　원제죄장실소제
　　　　　　　　　　　　　　　願 諸 罪 障 悉 消 除
날적마다 보살도를 <u>행해지이다</u>　세세상행 보살도
　　　　　　　　　　　　　　　世 世 常 行 菩 薩 道

⑪ 발에는 푸른 옥의 무늬 있으니 (치암중죄금일참회)

대자대비 관세음　보살님에게　지심귀명례
　　　　　　　　　　　　　　　至 心 歸 命 禮

이한생명 다바쳐서 절하옵니다

우리스승 관세음   크신성인은
보배구슬 가득한   바다물결위   주해파도면
                                    珠海波濤面
보타낙가 바위굴속 머무르시니   보산암굴심
                                    寶山岩窟心
바람결에 나부끼는 비단옷깃은   사금비투무지연
                                    紗襟飛透霧之煙
투명한   안개가   흩날리는듯
칠보로된 화관과   구슬의띠는   관대영휘영지월
                                    冠帶暎輝瀛之月
바닷물에 비치는   달빛과같네
큰 슬픔 크나큰원 두루갖추어   대비대원 대성대자
                                    大悲大願 大聖大慈
큰 지혜 큰 사랑 널리펴시는   성백의
                                    聖白衣
흰옷걸친 관자재보살 마하살이여   관자재보살 마하살
                                    觀自在菩薩 摩訶薩

가슴에는 황금만자 간직하시고   흉장황금제만자
                                    胸藏黃金題卍字
발에는   푸른옥의 일천꽃피고   족륜벽옥간천화
                                    足輪碧玉間千華
삼십이상 두루두루 장엄하시고   삼십이상변장엄
                                    三十二相遍莊嚴
온누리에 천백억의 몸을나투어   천백억신상구고
                                    千百億身常救苦
중생고통 언제나   구해주시네
제가이제 의업으로 정성다해서   금장의업건성례
                                    今將意業虔誠禮

관세음께 경건히　절하옵나니

다른이의 마음보는 신통력으로　　　원타심통요감지
　　　　　　　　　　　　　　　　　願他心通遙鑑知

원컨대　널리널리 살펴주소서

관세음보살 멸 업장진언　옴 아로늑계 사바하 (3)
觀世音菩薩 滅 業障眞言　唵 阿嚧勒繼 娑婆訶

　　　　　　　　　　　　　(참회게·연비)
오랫동안 쌓인죄업 한생각에 모두끊어 백겁적집죄 일념돈탕진
　　　　　　　　　　　　　　　　　百劫積集罪 一念頓蕩盡
마른풀을 태우듯이 남김없이 없애리다 여화분고초 멸진무유여
　　　　　　　　　　　　　　　　　如火焚枯草 滅盡無有餘

　　　살생중죄금일참회　　투도중죄금일참회
　　　殺生重罪今日懺悔　　偸盜重罪今日懺悔

　　　사행중죄금일참회　　망어중죄금일참회
　　　邪行重罪今日懺悔　　妄語重罪今日懺悔

　　　기어중죄금일참회　　양설중죄금일참회
　　　綺語重罪今日懺悔　　兩舌重罪今日懺悔

　　　악구중죄금일참회　　탐애중죄금일참회
　　　惡口重罪今日懺悔　　貪愛重罪今日懺悔

　　　진에중죄금일참회　　치암중죄금일참회
　　　瞋恚重罪今日懺悔　　痴暗重罪今日懺悔

　　　죄무자성종심기　　　심약멸시죄역망
　　　罪無自性從心起　　　心若滅時罪亦亡

　　　죄망심멸양구공　　　시즉명위진참회
　　　罪亡心滅兩俱空　　　是則名爲眞懺悔

참회진언　옴 살바못자 모지사다야 사바하 (3)

원하옵건대
사생육도 그지없는 온갖중생이
다겁생에 지은 어리석은 죄업
남김없이 모두 다 없애기위해
제가이제 참회하고 절하옵나니
원컨대 죄업장이 모두사라져
날적마다 보살도를 행해지이다

원멸
願滅
사생육도 법계유정
四生六道 法界有情
다겁생래 치암업
多劫生來 癡暗業

아금참회계수례
我今懺悔稽首禮
원제죄장실소제
願諸罪障悉消除
세세상행보살도
世世常行菩薩道

6. 지장보살께 귀의함

지극한 마음으로
유명세계 교주이신 지장보살께
이한생명 다바쳐서 절하옵니다
원력크신 지장보살 크신성인은
솜가사에 둥글게 머리를깎은
사문의 단정하신 모습나투어
석장짚고 둥근구슬 손에쥐시니
그 얼굴 가을하늘 달과같으며

지심귀명례
至心歸命禮

취의원정
毳衣圓頂
시상사문
示相沙門
집석지주
執錫持珠
안여추월
顏如秋月

131

고른이는 흰눈같이 영롱하오며
빼어난 눈썹모양 버들같아라

치배가설
齒排珂雪
미수수양
眉秀垂楊

원력크신 지장보살 크신성인은
중생고통 슬퍼하는 그마음으로
삼악도에 빠진중생 길이건지고
넓고 큰 서원으로 쉬임이없이
여섯갈래 중생세계 노닐으시며
고통받는 중생모두 제도되어야
비로소 깨달음에 들려하므로
지옥세계 없어지지 아니한다면
맹세코 성불하지 않으시도다
큰 슬픔 크나큰원 두루갖추어
큰 지혜 큰 사랑 널리펴시는
대원본존 지장보살 마하살이여

비심이장구삼도
悲心而長救三途

홍원이매유육취
弘願而每遊六趣

중생도진 방증보리
衆生度盡 方證菩提

지옥미제 서불성불
地獄未除 誓不成佛

대비대원 대성대자
大悲大願 大聖大慈
본존
本尊
지장왕보살 마하살
地藏王菩薩 摩訶薩

지장보살 깨우치신 위없는말씀
중생의 게으름을 쉬게하지만
중생은 지난세상 익힌업으로

무상계언 휴방일
無上戒言休放逸

유정습기전난당
有情習氣轉難當

더욱더욱 그 말씀 감당못하네
오늘밤 유명세계 **영가**님들을   금소원방제혼백
　　　　　　　　　　　　　　　　今宵願放諸魂魄
원컨대 모두 다 풀어주시사
깨달음의 해탈고향 오게하소서   내예보리해탈향
　　　　　　　　　　　　　　　　來詣菩提解脫鄉

지장보살 멸정업진언 **옴 바라 마니다니 사바하** (3)
地藏菩薩 滅定業眞言　　唵　婆羅　摩尼多尼　娑婆訶

원하옵건대　　　　　　　　　원멸
　　　　　　　　　　　　　　　　願滅
사생육도 그지없는 온갖중생이   사생육도 법계유정
　　　　　　　　　　　　　　　　四生六道　法界有情
다겁생에 지어나온 온갖죄업장   다겁생래제업장
　　　　　　　　　　　　　　　　多劫生來諸業障
남김없이 모두 다 없애기위해
제가이제 참회하고 절하옵나니   아금참회계수례
　　　　　　　　　　　　　　　　我今懺悔稽首禮
원컨대 죄업장이 모두사라져   원제죄장실소제
　　　　　　　　　　　　　　　　願諸罪障悉消除
날적마다 보살도를 행해지이다   세세상행보살도
　　　　　　　　　　　　　　　　世世常行菩薩道

7. 대세지보살께 귀의함

지극한 마음으로   지심귀명례
　　　　　　　　　　　　　　　　至心歸命禮
대희대사 대세지 보살님에게

133

이한생명 다바쳐서 절하옵니다
우리스승 대세지 크신성인은
위신력이 걸림없고 자재하시며　　위신자재색상단엄
　　　　　　　　　　　　　　　　威神自在色相端嚴
몸의모습 거룩하고 단엄하시네
화관속의 아름다운 보배상투는　　관중보계수천화
　　　　　　　　　　　　　　　　冠中寶髻垂千華
천　줄기 꽃송이로 피어나시고
몸　위에 걸쳐입은 구름같은옷　　신상운의경오채
　　　　　　　　　　　　　　　　身上雲衣輕五彩
부드러운 오색빛깔 영롱하도다
신령한빛 금병밖에 솟구쳐내어　신광병출금병외
　　　　　　　　　　　　　　　　神光迸出金瓶外
고통받는 온갖중생 거두어주며　　섭화중생
　　　　　　　　　　　　　　　　攝化衆生
이마사이 흰털의　 밝은빛줄기　　호상분휘탁세중
　　　　　　　　　　　　　　　　毫相分輝濁世中
오탁악세 가운데　 비춰주시어
어둠속에 빠진무리 밝혀주시는　　조촉군품
　　　　　　　　　　　　　　　　照燭群品
큰　슬픔 크나큰원 두루갖추어　　대비대원 대성대자
　　　　　　　　　　　　　　　　大悲大願　大聖大慈
큰　지혜 큰　사랑 널리펴시는　　성백의
　　　　　　　　　　　　　　　　聖白衣
대희대사 대세지　 보살님이여　　대세지보살마하살
　　　　　　　　　　　　　　　　大勢至菩薩摩訶薩

관　속의 아름다운 보배상투는　　관중보계수천화
　　　　　　　　　　　　　　　　冠中寶髻垂千華
천　줄기 꽃송이를 엮어놓은듯

134

몸　위에　걸쳐입은　구름같은옷
부드러운　오색빛깔　영롱하도다　　　신상운의경오채
　　　　　　　　　　　　　　　　　身上雲衣輕五彩
신령한빛　금병밖에　솟구쳐내고
이마사이　흰　털의　밝은빛줄기　　　신광병출금병외
　　　　　　　　　　　　　　　　　神光迸出金瓶外
흐린세상　고루고루　비춰주시네　　　호상분휘탁세중
　　　　　　　　　　　　　　　　　毫相分輝濁世中

8. 대해중보살께 귀의함

지극한　　마음으로　　　　　　　　　지심귀명례
　　　　　　　　　　　　　　　　　至心歸命禮
청정하신　대해중　　보살님에게
이한생명　다바쳐서　절하옵니다
물러섬이　없는지위　올라가시어　　　위거불퇴
　　　　　　　　　　　　　　　　　位居不退
한　생을　보처로서　머무시다가　　　보처일생
　　　　　　　　　　　　　　　　　補處一生
위없는　　부처지위　오르게되니
오탁의　　언덕가에　나룻배되고　　　구위오탁안변주
　　　　　　　　　　　　　　　　　俱爲五濁岸邊舟
삼악도의　어두운곳　밝은달되어　　　진작삼도혼처월
　　　　　　　　　　　　　　　　　盡作三途昏處月
묘한손에　연꽃송이　지니시옵고　　　능이묘수집련화
　　　　　　　　　　　　　　　　　能以妙手執蓮華
고통바다　헤매는　　중생이끌어　　　접인중생
　　　　　　　　　　　　　　　　　接引衆生

서방정토 안락국에 향하게하네   향안락국
                                                               向安樂國
큰 슬픔 크나큰원 두루갖추어   대비대원 대성대자
                                                               大悲大願　大聖大慈
큰 지혜 큰 사랑 널리펴시는   청정대해중
                                                                清淨大海衆
청정하신 대해중보살 마하살이여   보살마하살
                                                               菩薩摩訶薩

오탁악세 기슭에　배가되시고   구위오탁안변주
                                                               俱爲五濁岸邊舟
삼악도의 어두운곳 밝은달되어   진작삼도혼처월
                                                               盡作三途昏處月
묘한손에 연꽃송이 지니시옵고   능이묘수집련화
                                                               能以妙手執蓮華
고통바다 헤매는　중생이끌어   접인중생향안락국
                                                               接引衆生向安樂國
서방정토 안락국에 <u>향하게하네</u>

9. 성문 연각 현성승께 귀의함

성문연각 번뇌다한 현성승에게   지심귀명례
지극한　마음으로 <u>절하옵니다</u>   至心歸命禮
삼천세계 백억의　나라가운데   삼천계내 백억찰중
                                                               三千界內　百億刹中
열반에　들지않고 선정닦으사   불입열반 현서선정
                                                               不入涅槃　現棲禪定
고집멸도 사성제의 진리깨닫네   증사제리
                                                               證四諦理

삼계의　　번뇌몸을 끊어버리며	단삼유신 斷三有身
인연으로 생겨난법 공함깨달아	오인연공 悟因緣空
태란습화 사생의　　세계벗어나	출사생계 出四生界
참된지혜 갖춰쓰는 좋은벗되니	진명양우 眞明良友
이세간의 크나큰　　복밭이오신	시대복전 연각성문 是大福田　緣覺聲聞
성문연각 일체의　　현성승이여	일체현성승 一切賢聖僧
산과　물 있는곳에　용과범타고	유산유수승용호 有山有水乘龍虎
이세간의 옳고그름 멀리떠나서	무시무비반죽송 無是無悲伴竹松
푸른대와 소나무로 벗을삼도다	
영축산서 일찍이　　부처님께서	영축석증몽수기 靈鷲昔曾蒙授記
성불언약 주심을　　이미받고서	이금회재일당중 而今會在一堂中
오늘날　　한도량에 모두모였네	
원하옵건대	원멸 願滅
사생육도 그지없는 모든중생이	사생육도 법계유정 四生六道　法界有情
다겁생에 지은업장 없애기위해	다겁생래제업장 多劫生來諸業障
제가이제 참회하고 절하옵나니	아금참회계수례 我今懺悔稽首禮
원컨대　　죄업장이 모두사라져	원제죄장실소제 願諸罪障悉消除
날적마다 보살도를 행해지이다	세세상행보살도 世世常行菩薩道

소원성취진언　**옴 아모카 살바 다라 사다야 시베 훔** ⑶

우러러서 고합니다　　　　　　　앙고　(합장)
　　　　　　　　　　　　　　　　仰告
시방삼세 한량없는 불법승의　　　시방삼세제망중중
　　　　　　　　　　　　　　　　十方三世帝網重重
삼보님은 자비마음 놓지말고　　　무진삼보자존불사자비
　　　　　　　　　　　　　　　　無盡三寶慈尊不捨慈悲
밝게살펴 <u>주옵소서</u>　　　　　　허수낭감
　　　　　　　　　　　　　　　　許垂朗鑑
이제저희 참회제자 알길없는　　　금일참회제자등
　　　　　　　　　　　　　　　　今日懺悔弟子等
옛날부터 오늘날에 이르도록　자　무시이래지우금일
　　　　　　　　　　　　　　自　無始已來至于今日
몸으로는 세가지죄 죽이는일　　　신　삼불선　살도음
　　　　　　　　　　　　　　　　身　三不善　殺盜淫
도둑질과 부정스런 음행이요　　　구　사불선
　　　　　　　　　　　　　　　　口　四不善
입으로는 네가지죄 거짓말과　　　망어기어양설악구
　　　　　　　　　　　　　　　　妄語綺語兩舌惡口
꾀임말과 이간질과 욕설이며

뜻으로는 세가지죄 간탐하고　　　의　삼불선
　　　　　　　　　　　　　　　　意　三不善
진심내고 어리석은 탓입니다　　　탐진사견
　　　　　　　　　　　　　　　　貪嗔邪見
열가지의 무거운죄 끊임없이　　　여시십악다작중죄
　　　　　　　　　　　　　　　　如是十惡多作重罪
지어왔고 나도짓고 남도시켜　　　자작교타무량무변
　　　　　　　　　　　　　　　　自作敎他無量無邊
끊임없이 지었으나 삼보님을　　　금대삼보발로참회
　　　　　　　　　　　　　　　　今對三寶發露懺悔
뵈온뒤엔 참회심을 일으켜서　　　이작지죄원걸제멸
　　　　　　　　　　　　　　　　已作之罪願乞除滅

이미지은 모든죄업 소멸되기　미작지죄불감부작
원하오며 아직짓지 않은죄업　未作之罪不敢復作
다시짓지 않으리니 삼보님은　유원삼보자비증명
자비로써 증명하여 <u>주옵소서</u>　唯願三寶慈悲證明

10. 관세음보살께 다시 참회하고 발원함

① 삼보와 관세음보살께 참회함

네 가지 큰 은혜 끼친이들과　보위사은삼유
　　　　　　　　　　　　　　普爲四恩三有
삼계의　고통받는 중생위하여　법계유정
　　　　　　　　　　　　　　法界有情
모든업장 남김없이 끊어버리며　실원단제제업장
　　　　　　　　　　　　　　悉願斷除諸業障
목숨바쳐 삼보님께 절하옵니다　귀명례삼보
　　　　　　　　　　　　　　歸命禮三寶
지극한　마음으로 참회하오며　지심참회
　　　　　　　　　　　　　　至心懺悔
머리숙여 대성주께 귀의하오니　계수귀의대성주
　　　　　　　　　　　　　　稽首歸依大聖主
정법명왕 관세음　보살님이여　정법명왕관세음
　　　　　　　　　　　　　　正法明王觀世音
큰　슬픔 크나큰원 넓고끝없어　대비대원광무변
　　　　　　　　　　　　　　大悲大願廣無邊
큰　지혜 큰 사랑 널리펴시사　대성대자장구고
　　　　　　　　　　　　　　大聖大慈長救苦
길이길이 우리고통 <u>구해주시네</u>

(고왕경 = 高王經)

관세음보살 나무불 나무법 나무승 불국유연 불법상인 상
觀世音菩薩 南無佛 南無法 南無承 佛國有緣 佛法相因 常

낙아정 유연불법 나무마하반야바라밀 시대신주 나무마하
樂我淨 有緣佛法 南無摩訶般若波羅蜜 是大神呪 南無摩訶

반야바라밀 시대명주 나무마하반야바라밀 시무상주 나무
般若波羅蜜 是大明呪 南無摩訶般若波羅蜜 是無上呪 南無

마하반야바라밀 시무등등주 나무정광비밀불법장불 사자후
摩訶般若波羅蜜 是無等等呪 南無淨光秘密佛法藏佛 獅子吼

신족유왕불 불고수미등왕불 법호불 금강장사자유희불 보
神足幽王佛 佛告須彌燈王佛 法護佛 金剛藏死者遊戲佛 寶

승불 신통불 약사유리광불 보광공덕산왕불 선주공덕보왕
勝佛 神通佛 藥師琉璃光佛 普光功德山王佛 善住功德寶王

불 과거칠불 미래현겁천불 천오백불 만오천불 오백화승불
佛 過去七佛 未來賢劫千佛 千五百佛 萬五千佛 五百花勝佛

백억금강장불 정광불 육방육불명호 동방보광월전묘음존왕
百億金剛藏佛 定光佛 六方六佛名號 東方寶光月殿妙音尊王

불 남방수근화왕불 서방조왕신통염화왕불 북방월전 청정
佛 南方樹根花王佛 西方皁王神通焰花王佛 北方月殿 清淨

불 상방무수정진보수불 하방선적월음왕불 무량제불 다보
佛 上方無數精進寶首佛 下方善寂月音王佛 無量諸佛 多寶

불 석가모니불 미륵불 아촉불 아미타불 중앙일체중생 재
佛 釋迦牟尼佛 彌勒佛 阿閦佛 阿彌陀佛 中央一切衆生 在

불토계중자 범왕제석 행주어지상 급재허공중 자우어 일체
佛土界中者 梵王帝釋 行住於地上 及在虛空中 慈憂於 一切

중생 각령안온휴식 주야수지신심 상구송차경 능멸생사고
衆生 各令安穩休息 晝夜受持信心 常求誦此經 能滅生死苦

소복어독해 나무대명관세음 관명관세음 고명관세음 개명
消伏於毒害 南無大明觀世音 觀明觀世音 高明觀世音 開明

관세음 약왕보살 약상보살 문수보살 보현보살 허공장보살
觀世音 藥王菩薩 藥上菩薩 文殊菩薩 普賢菩薩 虛空藏菩薩

지장보살 청량산일만보살 보광여래화승보살 염념송차경
地藏菩薩 淸凉山一萬菩薩 普光如來化勝菩薩 念念誦此經

칠불세존 즉설주왈 『이바이바제 구아구아제 다라니제 니
七佛世尊 卽說呪曰 離波離波帝 求訶求訶帝 陀羅尼帝 尼

하라제 비니이제 마하가제 진령갈제 사바하』 (3번)
訶羅帝 毘離尼帝 摩訶迦帝 眞靈虔帝 娑婆訶

시방관세음 일체제보살 서원구중생 칭명실해탈 약유박복
十方觀世音 一切諸菩薩 誓願救衆生 稱名悉解脫 若有薄福

자 은근위해설 단시유인연 독송구불철 송경만천편 염념심
者 慇懃爲解說 但是有因緣 讀誦口不輟 誦經滿千遍 念念心

부절 화염불능상 도병입최절 에로생환희 사자변성활 막언
不絶 火焰不能傷 刀兵立摧折 恚怒生歡喜 死者變成活 莫言

차시허 제불불망설
此是虛 諸佛不忘說

(고왕경찬어 = 高王經讚語)

고왕관세음 능구제고액 임위급난중 제사득해탈 배념팔보
高王觀世音 能救諸苦厄 臨危急難中 諸事得解脫 拜念八菩

살 지송만천편 박복불신자 중죄개소멸 제불어불허 시고응
薩 持誦滿千遍 薄福不信者 重罪皆消滅 諸佛語不虛 是故應

정례
頂禮

(몽수경 = 夢授經)

나무관세음보살 나무불 나무법 나무승 여불유인 여불유연
南無觀世音菩薩 南無佛 南無法 南無僧 與佛有因 與佛有緣

불법상인 상락아정 조념관세음 모념관세음 염념종심기 염
佛法相因 常樂我淨 朝念觀世音 暮念觀世音 念念從心起 念

념불리심 천라신 지라신 인리난 난리신 일체재앙화위진
念不離心 天羅神 地羅神 人離難 難離神 一切災殃化爲塵

나무마하반야바라밀 (3·7·21·108)
南無摩訶般若波羅蜜

관자재보살 여의륜주 觀自在菩薩 如意輪呪

나무 붇다야 나무 달마야 나무 승가야 나무 아리야 바로 기제 사라야 모지사다야 마하사다야 사가라 마하가로 니가야 하리다야 만다라 다냐타 가가나 바라지진다 마니 마하무다레 루로루로 지따 하리다예 비사예 옴 부다나 부다니 야등 (3·7·21·108)

나무 보문시현 원력홍심 대자대비 구고구난 관세음보살
南無 普門示現 願力弘深 大慈大悲 救苦救難 觀世音菩薩
… (108·만번·절) … 관세음보살 관세음보살 관세음보살

관세음보살 멸 업장진언   옴 아로늑계 사바하 (3)
觀世音菩薩 滅 業障眞言   唵 阿嚧勒繼 娑婆訶

관세음보살 본심미묘 육자대명왕진언　**옴마니반메훔** (3)
觀世音菩薩 本心微妙 六字大明王眞言

백의관음무설설 남순동자불문문
白衣觀音無說說 南巡童子不聞聞

병상녹양삼제하 암전취죽시방춘
瓶上綠楊三際夏 巖前翠竹十方春

구족신통력 광수제방편 시방제국토 무찰불현신
具足神通力 廣修諸方便 十方諸國土 無刹不現身

고아일심 귀명정례
故我一心 歸命頂禮

비로자나불 총귀 진언 毘盧遮那佛 摠歸眞言

나무 시방삼세 일체제불

나무 시방삼세 일체존법

나무 시방삼세 일체보살

나무 시방삼세 일체현성

오호지리 바라지리 리제미제기사은제지 바라타니 옴 불나 지리익 오공사진사타해 바사달마사타해 아라바좌나 원각승 좌도진나 사공사진사타해 나무항하사 아승지불 무량삼매 보문삼매 옴 바마나사타바 탁타니아나 나무아심타아심타 자심도류사바하 나무 옴 아밀리다다바베 사바하 나무이바 이바제 구하구하제 니하라제 비니마니제 사바하 (3·7·21·108)

143

광명진언 光明眞言

옴 아모가 바이로차나 마하무드라 마니 파드마 즈바라 프라바를타야 훔 (3·7·21·108번)

원컨대 천안통으로　　　　　　　원천안통요증명
　　　　　　　　　　　　　　　　　願天眼通遙證明
저희모습 널리살펴 증명하소서
신업으로 지은업을 정성다해서　　신업귀의두면례
　　　　　　　　　　　　　　　　　身業歸依頭面禮
머리숙여 관세음께 절하옵니다
원컨대 천이통으로　　　　　　　원천이통요청문
　　　　　　　　　　　　　　　　　願天耳通遙聽聞
저희찬탄 널리살펴 들어주소서
구업으로 지은업을 정성다해서　　구업칭양회향심
　　　　　　　　　　　　　　　　　口業稱揚回向心
관세음의 거룩한덕 찬탄하옵고
온갖공덕 관세음께 회향합니다
원컨대 타심통으로　　　　　　　원타심통요감찰
　　　　　　　　　　　　　　　　　願他心通遙鑑察
저의마음 널리널리 살펴보소서
의업으로 지은업을 정성다해서　　의업건성참죄건
　　　　　　　　　　　　　　　　　意業虔誠懺罪愆
지극히　모든허물 참회합니다
다겁생의 옛날부터 오늘날까지　　자종다겁지금생
　　　　　　　　　　　　　　　　　自從多劫至今生

몸과말과 뜻으로써 십악지으니
탐진치의 세가지 삼독의마음
일곱가지 거만한뜻 더욱불려서
몇번이나 애욕의강 헤매었던가
진제속제 두진리에 길이어두워
성문연각 보살승의 방편등지고
오랜겁을 고통바다 흘러다녔네
여섯갈래 삶의길에 흘러다니는
태란습화 많은무리 끊어짐없이
지수화풍 사대의뱀 서로엉키고
탐진치의 마음의독 불꽃이타니
일곱가지 번뇌와 여덟가지때
어느때나 서로끌어 쉬임이없고
아홉가지 맺음과 열가지얽힘
어느때나 장애하고 물들이도다
오랜세월 해탈의문 구함없으니
시방삼세 중생세간 오고가면서
어찌하여 쉬는일을 알았으리오

신구의위십불선
身口意爲十不善
매종삼심증칠만
每縱三心增七慢

기회윤전애하중
幾廻輪轉愛河中
장미이제배삼승
長迷二諦背三乘

다겁표류고해내
多劫漂流苦海內
육도사생항부단
六道四生恒不斷

사사삼독진탐잔
四蛇三毒嗔貪殘

칠루팔구매구견
七漏八垢每拘牽

구결십전상장염
九結十纏常障染

기겁무문구해탈
幾劫無門求解脫
왕래삼계기지휴
往來三界豈知休

145

천생에　　윤회벗을　길이있어도　　천생유로출윤회
　　　　　　　　　　　　　　　　千生有路出輪廻
태란습화　네가지생　빠져헤매니　　골몰사생하각오
　　　　　　　　　　　　　　　　汩沒四生何覺悟
어찌하여　바른진리　깨달을건가

여덟가지　바른길에　항상어두워　　팔정항미팔사염
　　　　　　　　　　　　　　　　八正恒迷八邪染
여덟가지　삿된길에　물이들었고
인연과보　집착하여　시비하였고　　집인집과시비강
　　　　　　　　　　　　　　　　執因執果是非强
열가지의　착한일을　알지못하여　　십선난명십악전
　　　　　　　　　　　　　　　　十善難明十惡纏
열가지의　악한일에　뒤얽혀져서
모르는새　번뇌업장　무거워졌네　　불각부지번뇌중
　　　　　　　　　　　　　　　　不覺不知煩惱重
애착하고　어리석은　마음때문에　　유애유치난출이
　　　　　　　　　　　　　　　　有愛有痴難出離
나고죽는　고통바다　벗지못하고
시작모를　무명지를　넘지못하다　　무명무시막초승
　　　　　　　　　　　　　　　　無明無始莫超陞
다행히도　말법때에　불법만나서　　행봉상교우양연
　　　　　　　　　　　　　　　　幸逢像敎遇良緣
보리도의　좋은인연　가까이하고
위없는도　일승법에　뜻을붙이어　　득부진승개참회
　　　　　　　　　　　　　　　　得附眞乘開懺悔
참회의문　간절하게　열어냅니다
경건하게　몸과말과　뜻을기울여　　경건삼업서간담
　　　　　　　　　　　　　　　　傾虔三業舒肝膽
가슴속의　깊은정성　모두바치고　　간갈단심력폐장
　　　　　　　　　　　　　　　　懇竭丹心瀝肺腸

온몸으로 지극한　마음다하여
거룩하신 관세음께 귀의하옵고　　귀의자재성관음
　　　　　　　　　　　　　　　　　歸依自在聖觀音
지은허물 남김없이 드러내놓고　　　발로참제제업장
　　　　　　　　　　　　　　　　　發露懺除諸業障
모든업장 참회하여 없애나이다
이와같이 예참회를 모두마친뒤　　　참회이 귀명례삼보
　　　　　　　　　　　　　　　　　懺悔已 歸命禮三寶
목숨다해 삼보님께 절하옵니다

② 보살의 큰 뜻을 발함

지극한　마음으로 발원하오니　　지심발원
　　　　　　　　　　　　　　　　　至心發願
이미생긴 악한일과 모든번뇌는　　　이생불선제번뇌
　　　　　　　　　　　　　　　　　已生不善諸煩惱
원컨대　근본원인 길이다하고　　　원영소제혹업인
　　　　　　　　　　　　　　　　　願永消除惑業因
생기잖은 열가지의 삿된악들은　　　미기사미십악전
　　　　　　　　　　　　　　　　　未起邪迷十惡纏
원컨대　서로이어 나지않으며　　　원불여심상속기
　　　　　　　　　　　　　　　　　願不與心相續起
욕계색계 무색계의 중생세간에　　　욕계색계무색계
　　　　　　　　　　　　　　　　　欲界色界無色界
끊임없는 번뇌고통 모든흐름들　　　조단전면유루인
　　　　　　　　　　　　　　　　　早斷纏綿有漏因
원컨대　어서빨리 끊겨버리며
원인되고 결과되는 때묻은마음　　　염인염과염진기
　　　　　　　　　　　　　　　　　染因染果染塵機
여러가지 때가묻은 객관경계들

원컨대　세세생에　잇지않으리　　원향생생불상속
　　　　　　　　　　　　　　　願向生生不相續
지금지어 바로받는 순현업과와　순현순생순후업
　　　　　　　　　　　　　　　順現順生順後業
지금지어　내생받는　순생업과와
지금지어　내후생의　순후과보들
삼세인연　길이길이　끊어버리고　삼세인연영멸제
　　　　　　　　　　　　　　　三世因緣永滅除
재와계를　깨뜨리고　위의깨뜨린　파재파계파위의
　　　　　　　　　　　　　　　破齋破戒破威儀
온갖죄업　지심으로　참회합니다　일체지심개참회
　　　　　　　　　　　　　　　一切至心皆懺悔
업의장애 과보장애 번뇌의장애　업장보장번뇌장
　　　　　　　　　　　　　　　業障報障煩惱障
이세가지　업의장애　함께뒤얽힌
나의몸을　자세히도　살펴본다면　관신실상성구공
　　　　　　　　　　　　　　　觀身實相性俱空
모든장애　공하여서　뿌리없어라
부처님과　법과승가　공경하옵고　경불경법경진승
　　　　　　　　　　　　　　　敬佛敬法敬眞僧
청정하신　법신의덕　드러냈으니　청정법신조훈현
　　　　　　　　　　　　　　　淸淨法身早熏顯
어서속히　은덕입기　원하옵니다
이와같은 큰발원을 모두마치고　발원이　귀명례삼보
　　　　　　　　　　　　　　　發願已　歸命禮三寶
삼보님께　목숨바쳐　절하옵니다
이제모든　대중에게　아뢰옵나니　백중등청설
　　　　　　　　　　　　　　　白衆等聽說
지금설할　무상게를　들어주소서　차시무상게
　　　　　　　　　　　　　　　此時無常偈

찰나간에 나고죽음 덧없음이요　　찰나생멸무상법
　　　　　　　　　　　　　　　　刹那生滅無常法
모였다가 흩어져서 돌고도는것　　취산순환유루인
　　　　　　　　　　　　　　　　聚散循環有漏因
번뇌흐름 일으키는 원인이되네

붉은해가 뜨고지며 날재촉하니　　금오출몰촉년광
　　　　　　　　　　　　　　　　金烏出沒促年光
저기달은 떴다졌다 늙음부르네　　옥토승침최노상
　　　　　　　　　　　　　　　　玉兎昇沈催老相
가뭄으로 우물물이 바짝마를때　　인수정고어소수
　　　　　　　　　　　　　　　　忍受井枯於少水
살던고기 적은물을 견딜수없듯
삼악도의 고통이어 참아받으며
끝이없이 너른벌판 가는나그네　　영용상핍서침등
　　　　　　　　　　　　　　　　寧容象逼鼠侵藤
코끼리에 뒤쫓기어 숨은우물속
잡고있는 한줄기의 등넝쿨마저
쥐가와서 갉아먹는 위태로움을
어찌하여 그대들은 용납하는가
이와같이 위태로운 경계본다면
어서빨리 간절하게 수행할지니　　도자취경조수행
　　　　　　　　　　　　　　　　覩玆脆境早修行
부지런히 아미타불 부르고불러　　근념미타생극락
　　　　　　　　　　　　　　　　勤念彌陀生極樂
서방정토 극락세계 가서나소서
그리하여 재보시와 법의보시와　　삼단등시육도제수
　　　　　　　　　　　　　　　　三檀等施六度齊修

무외시를 두루두루 베풀면서
육바라밀 도피안법 함께닦아서
무루과가 원만하여 우리다함께 무루과원공성불도
무상불도 이루어지이다 無漏果圓共成佛道

한량없는 여래들께 귀의하오니 귀의제여래
다섯지혜 열가지몸 부처님이여 歸依諸如來
원컨대 온갖중생 빠짐이없이 오지십신불
금강계에 모두함께 들어지이다 五智十身佛
　　　　　　　　　　　　　　　원공제중생
　　　　　　　　　　　　　　　願共諸衆生
　　　　　　　　　　　　　　　동입금강계
　　　　　　　　　　　　　　　同入金剛界
가장높아 위없는　진리의길인 귀의최상승
유가의　비밀문에 귀의하오니 歸依最上乘
원컨대 온갖중생 빠짐이없이 유가비밀문
금강계에 모두함께 들어지이다 瑜伽秘密文
　　　　　　　　　　　　　　　원공제중생
　　　　　　　　　　　　　　　願共諸衆生
　　　　　　　　　　　　　　　동입금강계
　　　　　　　　　　　　　　　同入金剛界
물러섬이 없는지위 이미오르신 귀의불퇴전
자비크신 보살승께 귀의하오니 歸依不退轉
원컨대 온갖중생 빠짐이없이 대비보살승
금강계에 모두함께 들어지이다 大悲菩薩僧
삼보께　귀의함을 모두마치고 원공제중생
　　　　　　　　　　　　　　　願共諸衆生
　　　　　　　　　　　　　　　동입금강계
　　　　　　　　　　　　　　　同入金剛界
　　　　　　　　　　　　　　　귀의삼보경
　　　　　　　　　　　　　　　歸依三寶竟

지어온바 여러가지 좋은공덕을　　소작제공덕
　　　　　　　　　　　　　　　　所作諸功德
가없는　중생에게　베푸옵나니　　시일체유정
　　　　　　　　　　　　　　　　施一切有情
모두함께 부처님도 이뤄지이다　　개공성불도
　　　　　　　　　　　　　　　　皆共成佛道

※ 진언을 외우면 부처님의 총지력을 얻어 깨달음을 얻을 수 있고 업장을 소멸하고 재난을 극복하며 소원을 성취한다. 목욕재계하며 참회하고 지권을 하여 부처님을 관하며 언제 어디서나 외운다.

관자재보살 여의륜주를 7일 동안 아침·점심·해질녘·초저녁·밤중·새벽·하루 여섯 번 108번씩 송한다. 이 진언은 아무것도 가리지 않고 마음만 집중하면 된다. 모든 죄업 소멸, 온갖 소원성취, 병과 마장의 침해를 받지 않는다. 재물과 복덕, 지혜, 존경과 사랑을 받는다.

※ 육자주를 외우면 현세에서 20가지의 공덕을 얻을 수 있다.

※ 비로자나불 총귀진언은 모든 불교의 대의를 총괄적으로 모아 놓은 진언으로 공덕이 무궁무진하다. 팔만대장경을 모두 독송하는 것과 같은 공덕이 있다. 공덕이란 복과 지혜의 밑거름이 된다.

기도 발원문 (1)

지극한 마음으로 삼보님께 귀의하며 원성취 (   )일 기도발원 올리옵니다.

온 우주 법계에 충만하사 아니 계신 곳 없으시고, 만유에 평등하사 자비의 구름으로 피어나시어, 두루 살펴 주시는 삼보님이시여!

참다운 실상은 형상과 말을 여의었건만, 감응하시는 원력은 삼천대천세계를 두루 덮으시고, 단비 같은 팔만 사천 법문으로 고해중생 건지시니, 행하는 일 성취됨은 맑은 못에 달그림자 같사옵니다.   그러 하옵기에

(기도 사찰주소, 사찰명 = _____

_____) 청정도량에서 (사 는 주 소)에 사는 불제자 (이 름)는(은) 간절한 정성으로 법우림 스님과 함께하는 원성취 (3 · 7 · 21 · 49 · 백일)일 기도 올리오니

(남편) (   )생   (이 름)의 (사업 · 건강 · 승진 · 화합 · 등)

(아들) (   )생   (이 름)의 (취직 · 결혼 · 시험 · 합격 · 등)

                          등의 소원을 이루게 하소서.

(부처님! 보살님!)

(   )의 몸에 있는 전생현생 영가시여!

나쁜 악연 애착 집착 끊어 전생현생 업장소멸하소서.
인연 맺은　(부 · 모 · 형제 · 친구 등) (영가이름)영가와 상세선망 부모님을 비롯하여 스승님 형제자매 친척영가와 세상곳곳의 한 맺힌 외롭고 슬픈 영혼들이 지장보살님의 대원력으로 하루 속히 삼계고해를 해탈하여 아미타부처님의 극락세계에 왕생하여 대자유와 평화를 <u>누리게 하소서</u>.
그리고 신묘하고 신통한 힘 발휘하시어, 모든 상서로움과 정법을 수호하기 위하여 위엄 나타내시는 화엄성중님 옹호도량 산왕대신님이시여! 소원성취 전법도량 자성사의 모든 불사가 원만히 성취됨은 물론 이 불제자 언제 어디서나 불법수행 장애 없게 옹호하여 <u>주시옵소서</u>.
(**부처님! 보살님!**) 항상 감사하며, 상구보리 하화중생을 실천하는 간절한 서원을 올리오니 자비광명으로 큰 공덕의 등불이 되시어, 이 땅 불국정토 <u>이루게 하소서</u>.
(이 름)나는 오늘도 일어나 부처님을 생각하며 미소 짓고 기도하여, 모든 일을 화합과 긍정으로 실천하고, 부처님의 생각으로 미소 지으며 부처님의 가피속에 <u>잠이 듭니다</u>.
마하반야 바라밀
나무 석가모니불 나무 석가모니불
나무 시아본사 석가모니불

기도 발원문 (2)

부처님의 소중한 인연! 지극한 마음으로 감사드리며 자성사 원성취 (   )일 기도 발원 올리옵니다.
일체 중생을 위해 깨달음의 빛을 보이신 부처님!
온갖 방편의 문을 여시어 끝없는 고해 중생을 인도하시고, 구하는 대로 모두 이루어 주시니 마치 깊은 골짜기의 메아리 같고, 맑은 못에 달그림자 어리듯 하옵니다.
자비하신 부처님!
몸과 마음이 밝지 못하여 스스로 업을 지어 남을 원망하고 시기 질투하는 가운데서 고통과 번민에 싸여 헤어 나오지 못하는 나의 모습이며, 극락과 지옥은 본래 나의 행위의 결과로 나타난 것임을 알게 하시고 나로 하여금 자기가 짓고 자기가 받는다는 인과법을 깨달아, 나고 죽는 허망한 길에서 벗어나도록 인도하시고 굽어 살펴주시옵소서. 내가 세파에 휩쓸려 벅찬 시름과 번민에 젖어 있을 때 부처님은 나의 마음속에 항상 함께 하시어 밝은 길을 열어 주시옵소서.
복덕지혜 갖추신 부처님!
지금 나의 마음속에 간절히 원하는 일 (   ) 을

다 이루게 하여 주시고 슬기로운 자비품안으로 인도하여 <u>주옵소서.</u>

삼계의 스승이시고 부모이신 부처님!

나와 인연 있는 (   )영가와 다겁생의 선망부모님! 이 나라 위해 살다간 순국선열 애국지사 영가와 유주무주 여러 영혼들도 모두 왕생극락하게 하여 <u>주옵소서.</u>

천백억화신으로 나투시는 부처님!

바라옵건대 이 기도 공덕으로 고통과 번뇌에 억눌린 업보의 무거운 짐을 벗어 던지고 내가 먼저 미소지어 등·향·감로다로 우리 가족 사회 이웃에게 밝게 빛나게 하소서. 저희들로 하여금 항상 복된 인류 사회를 이룩하도록 지혜와 자비 넘쳐나는 보살행을 실천하게 하옵고, 정법의 바퀴가 영원히 굴러 모든 사람들에게 부처님의 법음이 넘쳐나게 부처님 말씀을 펴는 정법의 힘을 <u>주시옵소서.</u>

항상 나는 부처님의 은혜 감사드리며 부처님의 가피 속에 (이름)은 오늘도 일어나며 오늘도 잠을 청합니다.

마하반야 바라밀

나무 석가모니불 나무 석가모니불

나무 시아본사 석가모니불

이산혜연 선사 발원문

※ 운허스님 번역

시방삼세 부처님과 팔만사천 큰법보와 보살성문 스님네께
지성귀의 하옵나니 자비하신 원력으로 <u>굽어살펴 주옵소서</u>
저희들이 참된성품 등지옵고 무명속에 뛰어들어 나고죽는
물결따라 빛과소리 물이들고 심술궂고 욕심내어 온갖번뇌
쌓았으며 보고듣고 맛봄으로 한량없는 죄를지어 잘못된길
갈팡질팡 생사고해 헤매면서 나와남을 집착하고 그른길만
찾아다녀 여러생에 지은업장 크고작은 많은허물 삼보전에
원력빌어 일심참회 하옵나니 바라옵건대
부처님이 이끄시고 보살님네 살피시어 고통바다 헤어나서
열반언덕 가사이다 이세상에 명과복은 길이길이 창성하고
오는세상 불법지혜 무럭무럭 자라나서 날적마다 좋은국토
밝은스승 만나오며 바른신심 굳게세워 아이로서 출가하여
귀와눈이 총명하고 말과뜻이 진실하며 세상일에 물안들고
청정범행 닦고닦아 서리같은 엄한계율 털끝인들 범하리까
점잖은 거동으로 모든생명 사랑하며 이내목숨 버리어도
지성으로 보호하리 삼재팔난 만나잖고 불법인연 구족하며
반야지혜 드러나고 보살마음 견고하여 제불정법 잘배워서

대승진리 깨달은뒤 육바라밀 행을닦아 아승지겁 뛰어넘고
곳곳마다 설법으로 천겁만겁 의심끊고 마군중을 항복받고
삼보를　 잇사올제 시방제불 섬기는일 잠깐인들 쉬오리까
온갖법문 다배워서 모두통달 하옵거든 복과지혜 함께늘어
무량중생 제도하며 여섯가지 신통얻고 무생법인 이룬뒤에
관음보살 대자비로 시방법계 다니면서 보현보살 행원으로
많은중생 건지올제 여러갈래 몸을나눠 미묘법문 연설하고
지옥아귀 나쁜곳엔 광명놓고 신통보여 내모양을 보는이나
내이름을 듣는이는 보리마음 모두내어 윤회고를 벗어나되
화탕지옥 끓는물은 감로수로 변해지고 검수도산 날센칼날
연꽃으로 화하여서 고통받던 저중생들 극락세계 왕생하며
나는새와 기는짐승 원수맺고 빚진이들 갖은고통 벗어나서
좋은복락 누려지다 모진질병 돌적에는 약풀되어 치료하고
흉년드는 세상에는 쌀이되어 구제하되 여러중생 이익한일
한가진들 빼오리까 천겁만겁 내려오던 원수거나 친한이나
이세상의 권속들도 누구누구 할것없이 얽히었던 애정끊고
삼계고해 뛰어나서 시방세계 중생들이 모두성불 하사이다
허공끝이 있사온들 이내소원 다하리까 유정들도 무정들도
일체종지 이루어지이다
나무 서가모니불 나무 서가모니불 **나무 시아본사 서가모니불**

화엄경 약찬게 (華嚴經 略纂偈)

대방광불화엄경	용수보살약찬게	마음세계 열어보인	대방광불 화엄경을
大方廣佛華嚴經	龍樹菩薩略纂偈	용수보살 간략하게	게송으로 이르시네
나무화장세계해	비로자나진법신	연꽃으로 이루어진	다함없는 화장세계
南無華藏世界海	毘盧遮那眞法身	부처님의 참자성의	비로자나 법신불과
현재설법노사나	서가모니제여래	이순간도 설법하는	노사나 보신불과
現在說法盧舍那	釋迦牟尼諸如來	석가모니 화신불과	제여래께 귀의하니
과거현재미래세	시방일체제대성	과거현재 미래세의	시방세계 모든성인
過去現在未來世	十方一切諸大聖	모두모두 한맘으로	마음의꽃 피우실때
근본화엄전법륜	해인삼매세력고	근본적인 화엄교설	법의바퀴 굴리심은
根本華嚴轉法輪	海印三昧勢力故	해인삼매 중생이익	드넓으신 힘이어라
보현보살제대중	집금강신신중신	화엄회상 보현보살	큰성인의 여러대중
普賢菩薩諸大衆	執金剛神身衆神	금강저든 집금강신	몸많으신 신중님들
족행신중도량신	주성신중주지신	만족하며 실천하는	족행신과 도량신들
足行神衆道場神	主城神衆主地神	성과땅을 주관하는	주성신과 주지신들
주산신중주림신	주약신중주가신	산과숲을 주관하는	주산신과 주림신들
主山神衆主林神	主藥神衆主稼神	약과곡식 주관하는	주약신과 주가신들
주하신중주해신	주수신중주화신	하천바다 주관하는	주하신과 주해신들
主河神衆主海神	主水神衆主火神	물과불을 주관하는	주화신과 주수신들
주풍신중주공신	주방신중주야신	바람허공 주관하는	주풍신과 주방신들
主風神衆主空神	主方神衆主夜神	밤과방향 주관하는	주방신과 주야신들
주주신중아수라	가루라왕긴나라	낮을맡은 주주신과	다툼의신 아수라왕
主晝神衆阿修羅	迦樓羅王緊那羅	새들의신 가루라왕	가무의신 긴나라왕
마후라가야차왕	제대용왕구반다	음악의신 마후라가	재보수호 야차왕과
摩睺羅伽夜叉王	諸大龍王鳩槃茶	여러모든 용왕들과	정기먹는 구반다왕
건달바왕월천자	일천자중도리천	악사의신 건달바왕	밤밝히는 달의천자
乾闥婆王月天子	日天子衆忉利天	낮밝히는 해의천자	도리천왕 함께하고

야마천왕도솔천 夜摩天王兜率天	화락천왕타화천 化樂天王他化天	야마천왕 도솔천왕 화락천왕 타화자재천왕
대범천왕광음천 大梵天王光音天	변정천왕광과천 遍淨天王廣果天	대범천왕 광음천왕 변정천왕 광과천왕
대자재왕불가설 大自在王不可說	보현문수대보살 普賢文殊大菩薩	대자재왕 함께하여 헤아릴수 없음이라 보현보살 문수보살
법혜공덕금강당 法慧功德金剛幢	금강장급금강혜 金剛藏及金剛慧	법혜공덕 보살 금강당 보살 금강장 보살 금강혜 보살
광염당급수미당 光焰幢及須彌幢	대덕성문사리자 大德聲聞舍利子	광염당 보살 수미당 보살 대덕성문 사리자와
급여비구해각등 及與比丘海覺等	우바새장우바이 優婆塞長優婆夷	해각비구 함께하고 우바새와 우바이와
선재동자동남녀 善財童子童男女	기수무량불가설 其數無量不可說	선재동자 동남동녀 환희로써 함께하니 화엄회상 운집대중 말로할수 없음이라
선재동자선지식 善財童子善知識	문수사리최제일 文殊師利最第一	선재동자 발심할때 쉰세분의 선지식중 제일먼저 지혜으뜸 문수보살 참예친견
덕운해운선주승 德雲海雲善住僧	미가해탈여해당 彌伽解脫與海幢	덕운비구 해운비구 선주비구 미가장자 해탈장자 해당비구
휴사비목구사선 休舍毘目瞿沙仙	승열바라자행녀 勝熱婆羅慈行女	휴사우바이 비목구사선인 승열바라문 자행동녀
선견자재주동자 善見子在主童子	구족우바명지사 具足優婆明智士	선견비구 자재주동자 구족우바이 명지거사
법보계장여보안 法寶髻長與普眼	무염족왕대광왕 無厭足王大光王	법보계장자 보안장자 무염족왕 대광왕
부동우바변행외 不動優婆遍行外	우바라화장자인 優婆羅華長者人	부동청신녀 변행외도 우바라화장자
바시라선무상승 婆施羅船無上勝	사자빈신바수밀 獅子嚬伸婆須密	바시라선장 무상승장자 사자빈신비구니 바수밀다여인
비실지라거사인 毘瑟祇羅居士人	관자재존여정취 觀自在尊與正趣	비실지라 거사 관자재보살 정취보살

대천안주주지신 大天安住主地神	바산바연주야신 婆珊婆演主夜神	대천신안주지신 바산바연주야신
보덕정광주야신 普德淨光主夜神	희목관찰중생신 喜目觀察衆生神	보덕정광주야신 희목관찰중생주야신
보구중생묘덕신 普救衆生妙德神	적정음해주야신 寂靜音海主夜神	보구중생묘덕주야신 적정음해주야신
수호일체주야신 守護一切主夜神	개부수화주야신 開敷樹華主夜神	수호일체주야신 개부수화주야신
대원정진력구호 大願精進力救護	묘덕원만구바녀 妙德圓滿瞿婆女	대원정진역구호주야신 묘덕원만주야신 구바녀
마야부인천주광 摩耶夫人天主光	변우동자중예각 遍友童子衆藝覺	마야부인 천주광왕녀 변우동자와 중예각동자
현승견고해탈장 賢勝堅固解脫長	묘월장자무승군 妙月長者無勝軍	현승청신녀 견고해탈장자 묘월장자와 무승군장자
최적정바라문자 最寂靜婆羅門者	덕생동자유덕녀 德生童子有德女	최적정바라문 덕생동자유덕녀
미륵보살문수등 彌勒菩薩文殊等	보현보살미진중 普賢菩薩微塵衆	미륵보살 인과불이 문수보살 보현보살 미진수와 같이많은 보살대중
어차법회운집래 於此法會雲集來	상수비로자나불 常隨毘盧遮那佛	화엄회상 이법회에 구름처럼 모여들어 비로자나 부처님을 언제든지 따르면서
어련화장세계해 於連華藏世界海	조화장엄대법륜 造化莊嚴大法輪	연꽃으로 가꾸어진 연화장 세계바다 조화로운 장엄으로 대법륜을 굴리시네
시방허공제세계 十方虛空諸世界	역부여시상설법 亦復如是常說法	시방세계 허공세계 한량없는 모든세계 또한다시 이와같이 항시법을 설하나니
육육육사급여삼 六六六四及與三	일십일일역부일 一十一一亦復一	여섯여섯 여섯품과 네품다시 세개품과 한개품과 열한품과 한품또한 한품이라
세주묘엄여래상 世主妙嚴如來相	보현삼매세계성 普賢三昧世界成	제일품은 세주묘엄 제이품은 여래현상 제삼품은 보현삼매 제사품은 세계성취
화장세계노사나 華藏世界盧舍那	여래명호사성제 如來名號四聖諦	제오품은 화장세계 제육품은 비로자나 제칠품은 여래명호 제팔품은 사성제품

| 광명각품문명품 | 정행현수수미정 | 제구품은 광명각품 제십품은 보살문명 |
| 光明覺品問明品 | 淨行賢首須彌頂 | 정행품 현수품 제십삼품은 승수미산정 |

| 수미정상게찬품 | 보살십주범행품 | 제십사 수미정상 게찬품과 |
| 須彌頂上偈讚品 | 菩薩十住梵行品 | 제십오품 보살십주 제십육은 범행품 |

| 발심공덕명법품 | 불승야마천궁품 | 제십칠품 발심공덕 제십팔은 명법품과 |
| 發心功德明法品 | 佛昇夜摩天宮品 | 그리고 제십구품은 승야마천궁 |

| 야마천궁게찬품 | 십행품여무진장 | 제이십은 야마천궁 게찬품과 |
| 夜摩天宮偈讚品 | 十行品與無盡藏 | 제이십일 십행품과 제이십이 무진장품 |

| 불승도솔천궁품 | 도솔천궁게찬품 | 제이십삼 불승도솔 천궁품과 |
| 佛昇兜率天宮品 | 兜率天宮偈讚品 | 제이십사 도솔천궁 게찬품과 |

| 십회향급십지품 | 십정십통십인품 | 제이십오 십회향급 제이십육 십지품과 |
| 十廻向及十地品 | 十定十通十忍品 | 십정품과 십통품과 제이십구 십인품과 |

| 아승지품여수량 | 보살주처불부사 | 제삼십은 아승지품 삼십일품 여래수량 |
| 阿僧祇品與壽量 | 菩薩住處佛不思 | 삼십이 제보살주처 삼십삼품 불부사의 |

| 여래십신상해품 | 여래수호공덕품 | 제삼십사 여래십신 상해품과 |
| 如來十身相海品 | 如來隨好功德品 | 제삼십오 여래수호 공덕품과 |

| 보현행급여래출 | 이세간품입법계 | 제삼십육 보현행품 삼십칠품 여래출현 |
| 普賢行及如來出 | 離世間品入法界 | 제삼십팔 이세간품 제삼십구 입법계품 |

| 시위십만게송경 | 삼십구품원만교 | 칠처구회 설해지니 이는바로 십만게송 |
| 是爲十萬偈頌經 | 三十九品圓滿敎 | 삼십구품 일승원교 화엄경의 교설이라 |

| 풍송차경신수지 | 초발심시변정각 | 경전말씀 믿으면서 풍송하고 수지하며 |
| 諷誦此經信受持 | 初發心時便正覺 | 처음발심 먹은마음 그대로가 성불이니 |

| 안좌여시국토해 | 시명비로자나불 | 이와같은 화엄바다 연화세계 안좌하면 |
| 安坐如是國土海 | 是名毘盧遮羅佛 | 이를일러 비로자나 법신이라 이름하네 |

반야심경 (般若心經)

마하반야바라밀다심경
摩訶般若波羅蜜多心經

관자재보살이 행심반야바라밀다시에 조견오온개공 도일체고
觀自在菩薩　行深般若波羅蜜多時　照見五蘊皆空　度一切苦

액이니 사리자여 색불이공에 공불이색이오 색즉시공에 공즉시색이
厄　　舍利子　色不異空　　空不異色　　色卽是空　　空卽是色

라 수상행식도 역부여시니라 사리자여 시제법공상이 불생불멸이며
　受想行識　亦復如是　　舍利子　是諸法空相　不生不滅

불구부정이며 부증불감이니 시고공중에 무색이며 무수상행식이며 무
不垢不淨　　不增不減　　是故空中　無色　　無受想行識　　無

안이비설신의에 무색성향미촉법이니 무안계며 내지무의식계니라
眼耳鼻舌身意　無色聲香味觸法　　無眼界　乃至無意識界

무무명에 역무무명진이며 내지무노사에 역무노사진이며 무고집
無無明　亦無無明盡　　乃至無老死　亦無老死盡　　無苦集

멸도일새 무지역무득이니 이무소득고로 보리살타가 의반야바라
滅道　　無智亦無得　　以無所得故　菩提薩埵　依般若波羅

밀다고로 심무가애하고 무가애고로 무유공포하며 원리전도몽상하
蜜多故　心無罣碍　　無罣碍故　無有空怖　　遠離顚倒夢想

여 구경열반이며 삼세제불도 의반야바라밀다고로 득아뇩다라삼
　究竟涅槃　　三世諸佛　依般若波羅蜜多故　得阿耨多羅三

먁삼보리이니 고지하라 반야바라밀다는 시대신주이며 시대명주이며
藐三菩提　　故知　　般若波羅蜜多　是大神呪　　是大明呪

시무상주시무등등주이니 능제일체고하여 진실불허니라 고설반야
是無上呪是無等等呪　　能除一切苦　　眞實不虛　　故說般若

바라밀다주하노니 즉설주에 왈
波羅蜜多呪　　卽說呪　曰

아제 아제 바라아제 바라승아제 모지사바하 (3)
揭諦　揭諦　波羅揭諦　波羅僧揭諦　菩提娑婆訶

164

한글 반야심경

큰 지혜로 피안의 세계에 들어가게 하는 마음의 경

① 관자재보살이 깊은 반야 바라밀다를 행할 때, 오온이 모두 공한 것을 비추어 보고 온갖 괴로움과 재앙으로부터 벗어났느니라. ② 사리자여! 색이 공과 다르지 않고, 공이 색과 다르지 않으니, 색이 곧 공이고, 공이 곧 색이니, 수·상·행·식도 또한 이와 같느니라. ③ 사리자여! 이 모든 법의 공한 모양은, 나지도 않고 멸하지도 않으며, 더럽지도 않고 깨끗하지도 않으며, 늘지도 않고 줄지도 않느니라. 그러므로 공 가운데는 색도 없고 수·상·행·식도 없으며, 눈·귀·코·혀·몸과 뜻도 없으며, 모양·소리·냄새·맛·감촉과 법도 없으니, 눈의 세계 내지 의식의 세계도 없느니라. 무명도 없고 무명이 다함도 없으며, 늙고 죽음도 없고 또한 늙고 죽음이 다함까지도 없으며, 고·집·멸·도도 없으며, 지혜도 없고 얻음도 없느니라. ④ 얻는 바가 없으므로, 보살은 반야바라밀다를 의지하여 마음에 걸림이 없고 걸림이 없으므로 두려움이 없어서 뒤바뀐 헛된 생각을 멀리 여의고, 마침내 완전한 열반에 이르며, 과거·현재·미래의 모든 부처님도 반야바라밀다를 의지하여 아뇩다라삼먁삼보리를 얻느니라. ⑤ 그러므로 알지니라. 반야 바라밀다는 가장 신비한 주문이며, 가장 밝은 주문이며, 가장 높은 주문이며, 무엇과도 견줄 수 없는 주문이기에, 능히 모든 괴로움을 없애고 진실하여 허망하지 않느니라. ⑥ 그러므로 반야 바라밀다주문을 설하리니, 주문은 곧 이러하니라.

가테 가테 바라가테 바라상가테 보디 스바하 (세번)

항마진언 降魔眞言

내가이제 금강같은 세가지의 방편으로	아이금강삼등방편 我以金剛三等方便
몸으로는 금강부의 반월풍륜 오르고서	신승금강반월풍륜 身乘金剛半月風輪
단위에서 입으로는 람자광명 빛을놓아	단상구방남자광명 壇上口放喃字光明
무명쌓여 이루어진 너의몸을 태우리라	소여무명소적지신 所汝無明所積之身
또한천상 허공땅속 모든세계 다스리어	역칙천상공중지하 亦勅天上空中地下
일체모든 지은장난 어려움을 없애리니	소유일체작제장난 所有一切作諸障難
선량하지 않은자는 모두와서 무릎꿇고	불선심자개래호궤 不善心者皆來胡跪
내가설한 가지법음 모두함께 들을지니	청아소설가지법음 廳我所設加持法音
포악하고 어리석은 마음일랑 버리어서	사제포악패역지심 捨諸暴惡悖逆之心
불법에서 모두함께 믿는마음 일으키어	어불법중함기신심 於佛法中咸起信心
이도량을 옹호하고 시주들을 보살피며	옹호도량역호시주 擁護道場亦護施主
복을내려 모든재앙 소멸하여 원을성취 하게하라	강복소재여의성취 降福消災如意成就

옴 소마니 소마니 훔 하리한나 하리한나 훔 하리한나 바나야 훔 아나야 혹 바아밤 바아라 훔 바탁 (3)

기도 발원 재자
祈禱 發願 齋者

원제천룡팔부중 위아옹호불리신 어제난처무제난 여시소원능성취
願諸天龍八部衆 爲我擁護不離身 於諸難處無諸難 如是所願能成就

의상조사 법성게 (義湘祖師 法性偈)

법성원융무이상	제법부동본래적	법의자성	원융하여	두모습이	본래없고
法性圓融無二相	諸法不動本來寂	모든법은	동함없어	본래부터	고요하며
무명무상절일체	증지소지비여경	이름없고	모양없어	모든것이	끊어진곳
無名無想絶一切	證智所知非餘境	깨달음을	얻고보니	다른경계	아니로다
진성심심극미묘	불수자성수연성	참된성품	매우깊어	지극히도	미묘하여
眞性甚深極微妙	不守自性隨緣成	자기성품	집착않고	인연따라	이뤄지네
일중일체다중일	일즉일체다즉일	하나중에	일체있고	일체중에	하나있어
一中一切多中一	一卽一切多卽一	하나가곧	일체이고	일체가곧	하나일세
일미진중함시방	일체진중역여시	하나티끌	작은속에	온세계를	머금었고
一微塵中含十方	一切塵中亦如是	일체모두	티끌마다	온우주가	다들었네
무량원겁즉일념	일념즉시무량겁	한량없는	긴시간이	한생각의	찰나이고
無量遠劫卽一念	一念卽是無量劫	찰나간의	한생각이	한량없는	긴겁이니
구세십세호상즉	잉불잡란격별성	구세십세	다름없어	서로서로	얽혀돌며
九世十世互相卽	仍不雜亂隔別成	얽혀있듯	하지마는	너무나도	분명하네
초발심시변정각	생사열반상공화	처음발심	일으킬때	그자리가	정각자리
初發心時便正覺	生死涅槃常共和	생사고와	열반경계	본바탕이	한몸이네
이사명연무분별	십불보현대인경	실상현상	이치깊어	분별할수	없는그곳
理事冥然無分別	十佛普賢大人境	시방부처	보현보살	대성인의	경계로세
능인해인삼매중	번출여의부사의	해인삼매	진여해에	자재하게	들어가서
能仁海印三昧中	繁出如意不思議	불가사의	무진법문	마음대로	드러내니
우보익생만허공	중생수기득이익	중생돕는	보배비가	온허공에	가득하고
雨寶益生滿虛空	衆生隨器得利益	중생들은	그릇따라	온갖이익	얻게되네
시고행자환본제	파식망상필부득	이러하니	수행자는	근본마음	돌아가면
是古行者環本際	叵息妄想必不得	번뇌망상	쉬지않고	얻을것이	전혀없네
무연선교착여의	귀가수분득자량	무연자비	좋은방편	마음대로	자재하면
無緣善巧捉如意	歸家隨分得資糧	보리열반	성취하는	밑거름을	얻음일세
이다리니무진보	장엄법계실보전	한량없이	많고많은	다라니의	보배로써
以陀羅尼無盡寶	莊嚴法界實寶殿	온법계를	장엄하여	불국토를	이루면서
궁좌실제중도상	구래부동명위불	마침내는	진여법성	중도자리	앉았으니
窮坐實際中道床	舊來不動名爲佛	본래부터	동함없는	그자리가	부처라네

원성취 관음기도

초판 1쇄 인쇄   2008년 7월 1일
재판 1쇄 인쇄   2012년 8월 1일
재판 2쇄 인쇄   2014년 8월 10일

편저   법우림 도원
발행처   생활불교 수행도량 삼약사 · 자성사
         주소   경북 문경시 가은읍 갈전리 343번지
         전화   1566-1316
         메일   myomdori@hanmail.net

펴낸곳   도서출판 맑은소리 맑은나라
         주소   부산광역시 중구 대청로 126번길 18
         전화   051)255-0263   **팩스**   051)255-0953
         메일   puremind-ms@daum.net

정가   9,800원